Dennis Edogun

# Efeitos das recompensas na motivação e no desempenho dos funcionários

Dennis Edogun

# Efeitos das recompensas na motivação e no desempenho dos funcionários

## Uma avaliação dos efeitos das recompensas na motivação e no desempenho dos trabalhadores na indústria do petróleo e do gás na Nigéria

ScienciaScripts

**Imprint**



Cover image: www.ingimage.com

This book is a translation from the original published under ISBN 978-3-659-91790-5.

Publisher:
Sciencia Scripts
is a trademark of
Dodo Books Indian Ocean Ltd. and OmniScriptum S.R.L publishing group

120 High Road, East Finchley, London, N2 9ED, United Kingdom
Str. Armeneasca 28/1, office 1, Chisinau MD-2012, Republic of Moldova, Europe
Printed at: see last page
**ISBN: 978-620-7-91315-2**

Índice:

# Uma avaliação dos efeitos das recompensas na motivação e no desempenho dos trabalhadores na indústria do petróleo e do gás na Nigéria

**Dennis Iziegbe Edogun**

## RECONHECIMENTO

Este estudo teria sido impossível sem a ajuda de algumas pessoas cujas contribuições inestimáveis são reconhecidas a seguir.

Os primeiros da lista são os meus familiares directos - a minha amável esposa, a Sra. R.I. Edogun, e os nossos adoráveis filhos: Adesuwa, Eseohe, Nelson e Tony. Aprecio a sua demonstração de amor, compreensão e cooperação quando tive de me fechar na minha biblioteca durante longas horas, na maior parte dos fins-de-semana, para garantir a conclusão deste estudo dentro do prazo estipulado.

Os meus agradecimentos especiais vão para a Dra. Deborah Price pela sua bondade e paciência. A sua orientação e os seus contributos não têm preço. Ela é a melhor supervisora que já tive e a melhor que qualquer estudante pode desejar. Ela reviu parte deste trabalho dentro dos limites estabelecidos pela escola de gestão.

Estou grato a todos os inquiridos que participaram no inquérito. Do mesmo modo, estou grato aos participantes nas entrevistas pelo seu tempo e pelas suas inestimáveis percepções sobre o tema em investigação.

Agradeço a amizade e a ajuda da Sra. Collette Desmond-Igbo e da Sra. Nkiruka Maka, ambas colegas da Escola de Gestão da Universidade de Leicester.

Ao meu falecido irmão, Sr. J.B. Edogun, pelas boas recordações que partilhámos antes da sua morte súbita no dia $28^{th}$ de novembro de 2014.

A Deus seja dada a glória pela conclusão bem sucedida deste programa.

# RESUMO EXECUTIVO

Durante centenas de anos, a procura de soluções credíveis para os empregadores que procuram obter o máximo dos seus empregados deu origem ao interesse da investigação na motivação dos empregados (Clark et al, 2010). Na tentativa de compreender o conceito de motivação dos trabalhadores, vários investigadores propuseram uma infinidade de teorias da motivação. No entanto, o denominador comum da maioria das teorias da motivação parece ser o facto de os comportamentos dos trabalhadores poderem ser influenciados se lhes forem oferecidas determinadas recompensas que tenham valor suficiente para eles. Assim, as recompensas, em todas as suas formas, quer intrínsecas quer extrínsecas, têm sido utilizadas por diferentes organizações há centenas de anos para influenciar o comportamento dos trabalhadores e melhorar o seu desempenho. Por conseguinte, este estudo avaliou os efeitos das recompensas na motivação e no desempenho dos trabalhadores na indústria do petróleo e do gás na Nigéria.

A literatura relevante sobre recompensas, motivação e desempenho foi revista, a fim de verificar como as organizações têm utilizado as recompensas para influenciar os comportamentos dos trabalhadores e motivá-los para um melhor desempenho. A revisão forneceu uma breve panorâmica de várias teorias da motivação sob duas grandes rubricas de teorias de conteúdo e de processo, tal como sugerido em Miner e Dachler (1973) e Aworemi et al (2011). Trezentos questionários auto-preenchidos, com três secções que abrangem as recompensas financeiras, não financeiras e psicológicas, foram distribuídos aos inquiridos da Black Gold Petroleum para recolher e reunir dados primários. Estes dados foram analisados com recurso a estatísticas descritivas, a fim de determinar a percentagem de trabalhadores cuja motivação e desempenho são reforçados por diferentes recompensas e em que medida. Para complementar os dados obtidos a partir dos questionários, cinco gestores da Black Gold Petroleum foram entrevistados através de um modelo de entrevista semi-estruturada. Os dados recolhidos nas entrevistas semi-estruturadas foram analisados utilizando o método de análise temática proposto por Braun e Clarke (2006). Observou-se que a motivação e o desempenho dos trabalhadores podem ser melhorados com a aplicação correcta de recompensas. O estudo recomenda que a gestão das organizações do sector do petróleo e do gás deve conceber uma combinação de recompensas que combine elementos de recompensas financeiras, não financeiras e psicológicas, capaz de sustentar a motivação e o desempenho dos trabalhadores.

Uma vez que o estudo de investigação foi realizado numa única organização de petróleo e gás na Nigéria, a generalização global dos resultados pode ser limitada. Por conseguinte, os estudos futuros devem visar uma análise comparativa da forma como os trabalhadores do mundo ocidental, asiático e africano são influenciados pelas recompensas e como isso afecta a sua motivação e desempenho.

# Capítulo 1

## INTRODUÇÃO

### 1.1 Antecedentes e panorâmica

Durante centenas de anos, a procura de soluções credíveis para os empregadores que procuram obter o máximo dos seus empregados deu origem ao interesse da investigação na motivação dos empregados (Clark et al, 2010). Na tentativa de compreender o conceito de motivação, vários investigadores propuseram uma infinidade de teorias da motivação. No entanto, o denominador comum de todas as teorias da motivação parece ser o facto de os comportamentos dos trabalhadores poderem ser influenciados se lhes forem oferecidas determinadas recompensas que tenham valor suficiente para eles. Armstrong (2012: 1) definiu a recompensa dos trabalhadores "como o reconhecimento da contribuição ou realização de indivíduos ou grupos através de um pagamento financeiro ou de alguma forma de reconhecimento não financeiro". A componente financeira das recompensas assume a forma de salários e ordenados, subsídios e bónus, bem como outras regalias diversas, como veículos, habitação, etc.

A revisão da literatura realizada revelou que a forma como os trabalhadores são recompensados pelo papel que desempenham em qualquer organização afecta a sua motivação e desempenho, porque o seu bem-estar, estilo de vida, autoestima, poder de compra e nível de vida dependem disso (Odunlade 2012). Por outro lado, as organizações também se preocupam com a forma como recompensam os seus empregados, porque a atração dos empregados pela organização, a rotatividade dos empregados e o desempenho dos empregados dependem em grande medida da forma como são recompensados pelas suas organizações (Odunlade, 2012; The Aston Centre for Human Resources, 2008: 116). Assim, para que as organizações possam atrair e manter os trabalhadores certos, com as competências, qualificações e experiência necessárias, e motivá-los para um melhor desempenho, é necessário utilizar corretamente as recompensas, nas suas várias formas, como ferramentas para aumentar a motivação e o desempenho dos trabalhadores. A fim de desvendar a relação entre recompensa, motivação e desempenho, serão abordadas as seguintes questões de investigação ao longo deste estudo.

### 1.2 Perguntas e subperguntas de investigação

O principal objetivo deste estudo é avaliar os efeitos das recompensas na motivação e no desempenho dos trabalhadores. As sub-perguntas são as seguintes:

- Que impacto têm as recompensas no desempenho dos trabalhadores?
- Que impacto têm as recompensas na motivação dos trabalhadores?
- Que impacto tem a motivação no desempenho dos trabalhadores?

### 1.3 Porque é que estas questões são interessantes

As organizações existem para a produção de bens e serviços que beneficiam os membros da sociedade (Drucker, 2007). A concretização destes objectivos depende da motivação da força de trabalho (Tremblay et al 2009). Estes investigadores defendem que a obtenção de vantagens competitivas pelas organizações depende da motivação dos seus trabalhadores e que uma força de trabalho motivada constitui um ativo estratégico para essas organizações. Assim, a exploração da relação entre recompensas, motivação e desempenho irá beneficiar as organizações na conceção de pacotes de recompensas adequados e eficazes que irão gerar a motivação da sua força de trabalho e promover um melhor desempenho. Tremblay, et al (2009), observou que as técnicas de motivação, como as teorias da expetativa e da definição de objectivos, há muito que ganham proeminência na conceção de sistemas de recompensa destinados a promover atitudes positivas dos trabalhadores e um desempenho profissional ótimo.

# Capítulo 2

## REVISÃO DA LITERATURA

### 2.1 Introdução

A literatura sobre o comportamento das organizações está repleta de trabalhos sobre a motivação e o desempenho dos trabalhadores, bem como sobre o papel que as recompensas desempenham na motivação para um melhor desempenho. Tem-se argumentado que a relação entre o comportamento dos trabalhadores e as recompensas como fator-chave de motivação está bem estabelecida (Agarwal, 1998; Chen & Hsieh, 2006). Tendo em conta a natureza dinâmica e competitiva do ambiente empresarial atual (Agarwal, 1998; Chen & Hsieh, 2006; Tung et al, 2011; Azzone & Palermo, 2011), o desempenho ótimo dos trabalhadores é fundamental para atingir os objectivos da organização e obter vantagens competitivas (Okojie, 2009). Este capítulo sobre a revisão da literatura explorou a relação entre recompensas, motivação e desempenho e analisou a literatura nestas áreas ao longo das últimas quatro décadas, a fim de estabelecer o papel que as recompensas dos trabalhadores desempenham na sua motivação e desempenho. Os resultados desta revisão são apresentados em seguida sob diferentes títulos e subtítulos e um resumo do capítulo é apresentado no final do capítulo.

### 2.2 Administração e gestão de prémios

Num contexto organizacional, as recompensas consistem em tudo o que os trabalhadores podem percecionar como sendo de valor e que lhes é atribuído em resultado da relação de trabalho (Chen e Hsieh, 2006: 64). De acordo com Katzell e Thompson (1990: 145), "as recompensas são estímulos que satisfazem um ou mais motivos e, por conseguinte, suscitam estados psicológicos positivos que servem para encorajar e manter o comportamento que as produz". Assim, as recompensas, tangíveis ou intangíveis, financeiras ou não financeiras, decorrentes desta relação, afectam, em grande medida, o bem-estar, o estilo de vida e a autoestima dos trabalhadores e tendem a expressar o valor relativo que lhes é atribuído pelos seus empregadores (Odunlade, 2012). Além disso, verificou-se que a perceção que os trabalhadores têm dos seus pacotes de recompensas afecta a sua felicidade e atitude em relação ao seu trabalho (Egger & Seidel, 2008). Foi argumentado que o ambiente de trabalho em si também constitui uma recompensa intangível para os trabalhadores e, como tal, tem de ser propício para aumentar a produtividade dos trabalhadores (Awan & Tahir, 2015). Ghazanfer. et al (2011), tendo em conta a importância que os trabalhadores atribuem à forma como são recompensados pelos serviços que prestam às suas organizações, questionou se a maioria dos trabalhadores desta geração permaneceria no seu emprego se não recebesse recompensas financeiras suficientes para sustentar o seu estilo de vida e manter o seu nível de vida.

A recompensa pode ter significados diferentes para diferentes trabalhadores, consoante estes estejam inclinados para valores intrínsecos ou extrínsecos. A literatura sobre o comportamento organizacional está repleta de opiniões segundo as quais as recompensas intrínsecas e extrínsecas são os dois lados do debate sobre as recompensas dos trabalhadores (Clark, 1998; Ajila & Abiola, 2004; Qureshi et al, 2010; Mundhra & Jacob, 2011; Park & Word, 2012). As recompensas intrínsecas estão incorporadas no próprio trabalho e são de natureza mais psicológica, das quais os trabalhadores beneficiam como resultado da execução bem sucedida das tarefas exigidas (Ajila & Abiola, 2004). Ajila & Abiola opinaram que a recompensa não tem nada a ver com a indemnização que o trabalhador recebe pelo desempenho das tarefas, mas que é um sentimento interior de satisfação pela oportunidade de se exprimir através da sua participação no trabalho. Tem a ver com os sentimentos de realização e sucesso, que aumentam a sua autoestima (Qureshi et al, 2010).

A recompensa decorre do trabalho e dá ao trabalhador um sentimento de realização; decorre dos sentimentos de autonomia e de propriedade da tarefa (Katzell & Thompson, 1990). No entanto, não está provado se esses trabalhadores permanecerão no seu emprego se não houver recompensas materiais que os ajudem a manter o seu estilo e nível de vida (Ghazanfer. et al 2011). Por outro lado, as recompensas extrínsecas são aquelas que não são inerentes à tarefa em si, mas que são atribuídas aos trabalhadores como compensação pelo tempo, energia e outros recursos despendidos no trabalho, e que incluem salários e subsídios, condições de serviço, oportunidades de promoção, etc. (Ajila & Abiola, 2004).

No entanto, Armstrong (2012: 1) definiu recompensa "como o reconhecimento da contribuição ou realização de indivíduos ou grupos através de um pagamento financeiro ou alguma forma de reconhecimento não financeiro". Esta definição está de acordo com o ponto de vista expresso por Odunlade (2012), que indicou que a remuneração de um trabalhador individual reflecte o reconhecimento das suas contribuições e o valor que lhe é atribuído pelo empregador. Embora o termo "recompensa", que é utilizado em sentido lato ao longo deste trabalho, englobe a remuneração e outros benefícios intangíveis, Odunlade (2012) argumentou que a remuneração per se tem a ver com as recompensas monetárias, tais como o salário base, o salário contingente e os benefícios adicionais de que um trabalhador beneficia em resultado da relação de trabalho. Estas recompensas e os seus respectivos elementos e colorações são geralmente contemplados e expressos através das políticas de gestão de recompensas das organizações.

### 2.2.1 Estratégia de recompensas

Nunca é demais sublinhar a importância que as recompensas, nas suas várias formas, têm na melhoria do desempenho. Também se verificou que diferentes pacotes de recompensas influenciam o comportamento dos trabalhadores em diferentes graus, consoante estes estejam motivados intrínseca ou extrinsecamente, tal como referido anteriormente. Por conseguinte, cabe aos gestores das organizações conceber uma combinação de recompensas adequada, capaz de assegurar que os trabalhadores com competências críticas sejam atraídos e mantidos nessas organizações (Chen & Hsieh, 2006). Nnaji & Egbunike (2015) aconselham que os gestores das organizações devem assegurar um equilíbrio entre a utilização de recompensas intrínsecas e extrínsecas, a fim de garantir que todos os trabalhadores da organização encontrem motivação num ou noutro aspeto das ofertas de recompensas e obtenham os melhores resultados.

De acordo com Armstrong (2012: 9), uma estratégia de recompensas corretamente concebida deve conter todos os elementos das recompensas, juntamente com os processos e práticas necessários que culminarão numa gestão eficaz das recompensas, que beneficia tanto os trabalhadores como a organização. Armstrong argumenta ainda que seis elementos principais são fundamentais para uma gestão eficaz das recompensas, que incluem "gestão da remuneração de base, remuneração contingente; benefícios dos trabalhadores; recompensas não financeiras; gestão do desempenho; e recompensas totais". Também Chen e Hsieh (2006: 66) identificaram "a remuneração total, a remuneração variável atractiva, os benefícios e o reconhecimento e a celebração" como os principais elementos da estratégia de recompensa contemporânea. No entanto, a utilização adequada das recompensas tem efeitos tanto a curto como a longo prazo, tais como gerar mudanças comportamentais capazes de alinhar os objectivos dos trabalhadores com os objectivos organizacionais (Cooke & Huang, 2011). No entanto, estas recompensas devem estar associadas ao desempenho dos trabalhadores através de um sistema de avaliação do desempenho dos trabalhadores (Lawler, 2003).

### 2.2.2 Avaliação do desempenho dos trabalhadores

É de notar que, para que a administração dos pacotes de recompensas seja bem sucedida, é fundamental a avaliação do desempenho dos trabalhadores, que assegura que as recompensas estão ligadas ao desempenho (Lawler, 2003). A avaliação do desempenho também serve outro objetivo, que é o de ajudar as organizações a identificar as necessidades de formação e desenvolvimento dos trabalhadores (McAfee & Champagne, 1993). Tem sido defendido que a avaliação do desempenho, enquanto veículo de distribuição de recompensas, pressupõe que o desempenho dos trabalhadores pode ser melhorado se existir uma ligação clara entre o esforço e as recompensas (Azzone & Palermo, 2011). Na sua conceção, a avaliação do desempenho visa recompensar ou sancionar os trabalhadores em função da realização dos objectivos fixados.

Consequentemente, os trabalhadores que foram considerados como tendo cumprido os requisitos dos seus objectivos estabelecidos dentro do prazo estipulado são recompensados de acordo com as políticas de recompensa em vigor nessas organizações. Isto é o que Katzell e Thompson (1990: 149) descreveram como a abordagem "cenoura e pau", em que os trabalhadores são recompensados por atingirem alguns objectivos definidos e sancionados se o contrário acontecer.

Esta abordagem tradicional constituiu a base da gestão científica de Taylor e tem, de facto, algumas fraquezas, como se verá mais adiante. No entanto, os elementos da gestão do desempenho sugeridos por Armstrong (2012: 28), que são o acordo, o feedback, o reforço positivo e o diálogo, devem ser plenamente explorados durante as discussões sobre a avaliação do desempenho. Lawler (2003) argumentou que o desempenho melhorado só é alcançado quando a distribuição de recompensas emana dos resultados de um sistema de avaliação do desempenho dos trabalhadores corretamente administrado.

Além disso, os gestores devem ter cuidado com a utilização da avaliação do desempenho devido às suas medidas de recompensa e punição, a fim de evitar um fenómeno descrito como "retração" por Baird e Hamner (1979). De acordo com estes investigadores, os trabalhadores insatisfeitos por não serem recompensados na sequência de um mau desempenho podem fechar-se em copas e sair em busca de um lugar mais verde ou permanecer na organização para sabotar os esforços de outros trabalhadores. Este síndroma de retração anula os efeitos pretendidos de motivação para um melhor desempenho que os pacotes de recompensas pretendiam alcançar. No entanto, o feedback, a orientação e a formação (Lawler, 2003 & Latham et al, 2005) podem ajudar esses trabalhadores a ultrapassar a sua insatisfação e incentivá-los a esforçarem-se por atingir a excelência, na esperança de serem recompensados no futuro, tal como os seus homólogos foram recompensados.

Cooke e Huang (2011) argumentam que uma avaliação do desempenho corretamente administrada aumenta a vantagem competitiva de uma organização através da otimização da capacidade da organização, proporcionando um veículo para a avaliação adequada dos pontos fortes e fracos dos seus trabalhadores e ajudando a identificar as lacunas de competências e as necessidades de formação dos trabalhadores. É necessário reconhecer, nesta fase, que não existem sistemas de avaliação perfeitos. Assim, na administração da avaliação do desempenho como veículo de distribuição de prémios, é pertinente notar algumas limitações inerentes que são bem captadas por Azzone e Palermo (2011), que argumentam que

> "Surgem problemas de forte assimetria de informação entre os avaliados e os avaliadores; factores situacionais, fora do controlo dos indivíduos, condicionam o desempenho. Além disso, estes sistemas dão origem a questões organizacionais críticas (por exemplo, a perceção de justiça e equidade na avaliação), que afectam as relações interpessoais, acabando por conduzir a uma maior fricção no local de trabalho."

Assim, a fim de superar algumas destas fraquezas inerentes e garantir que a ferramenta atinja os seus objectivos, entre os quais a melhoria contínua dos trabalhadores, Latham et al (2005) propuseram a gestão do desempenho em vez do modelo de avaliação tradicional, sugerindo que a formação contínua, o feedback e a definição de objectivos devem fazer parte integrante do sistema de gestão do desempenho. Em apoio a esta abordagem, McAfee e Champagne (1993) defendem que a combinação de planeamento, gestão e avaliação do desempenho, que constitui a base da gestão das recompensas, pode ajudar os gestores a ultrapassar os desafios colocados pelo sistema de avaliação tradicional.

### 2.2.3 Elementos de uma gestão eficaz das recompensas

É de salientar que a conceção de um pacote de recompensas adequado, capaz de motivar todos os colaboradores de qualquer organização, não é uma tarefa fácil. Além disso, não se pode ignorar o facto de as organizações empresariais estarem a enfrentar uma enorme pressão ambiental resultante da forte concorrência e do avanço tecnológico (Chen & Hsieh, 2006; Al-Jammal & Al- Khasawneh, 2012). E para melhor responder a estas mudanças e manter a vantagem competitiva (Okojie, 2009), a maioria das organizações está a passar por uma grande reestruturação dos seus sistemas de gestão. No centro destes processos de reestruturação está a remodelação da administração e das políticas de recompensa dos trabalhadores (Agarwal, 1998), capazes de alinhar os objectivos dos trabalhadores com as estratégias de negócio da organização.

Chen e Hsieh (2006) argumentam que essas políticas de recompensa remodeladas devem ser capazes de atrair talentos-chave e reter os melhores desempenhos. Hobbs (1987) argumenta que um plano de compensação destinado a reconhecer e recompensar as contribuições dos indivíduos para a realização dos objectivos organizacionais deve conter certos elementos, tais como dinheiro direto (salário base e bónus em dinheiro) e dinheiro indireto (bónus de acções, opções de compra de acções, acções fantasma e plano de poupança); substitutos de dinheiro, tais como automóveis, habitação, empréstimos, serviços e similares; e benefícios. Kwak & Lee (2009) observaram que, embora os benefícios adicionais não tenham recebido uma atenção proporcional por parte dos investigadores em comparação com os salários e os bónus, constituem, no entanto, uma parte substancial de todos os pacotes de remuneração. Kamau (2013) concorda que os benefícios adicionais permitem aos trabalhadores manter um elevado nível de vida e proporcionam algumas formas de segurança financeira.

De forma semelhante, Agarwal (1998) argumenta que, para influenciar adequadamente o comportamento desejado dos trabalhadores, orientado para a consecução dos objectivos organizacionais, são necessários três critérios-chave de conceção na gestão das recompensas. Segundo este autor, o primeiro requisito é assegurar que os elementos de recompensa sejam oferecidos em função de alguns comportamentos específicos dos trabalhadores que estejam em sintonia com os objectivos e estratégias organizacionais. Citando Lawler, 1973 e Vroom, 1995, Agarwal indicou que a relação entre o comportamento dos trabalhadores e as recompensas como fator-chave de motivação está bem estabelecida.

O segundo critério para a conceção de uma recompensa eficaz, segundo Agarwal, é que os elementos dos pacotes de recompensas devem ser considerados justos e equitativos pelos trabalhadores e que se deve ter o cuidado de evitar condições que conduzam a uma perceção negativa ou à desigualdade. Além disso, o terceiro critério consiste em assegurar que os elementos da recompensa tenham um valor suficiente para os trabalhadores em causa, a fim de garantir a sua satisfação e aceitação. Agarwal identificou quatro abordagens em matéria de recompensas compensatórias, capazes de gerar a lealdade dos trabalhadores e um elevado desempenho sustentado. São elas: a remuneração baseada nas competências; a remuneração variável; as estruturas de remuneração de banda larga ou de camadas; e as recompensas de equipa. Sublinhou o facto de todas as abordagens terem pontos fortes e fracos e de ser necessário ter cuidado na sua administração.

Num desenvolvimento relacionado, Palmer (1989), na sua análise dos factores que motivam os trabalhadores nigerianos em duas grandes organizações públicas na Nigéria, observou uma diferença nas recompensas que motivam os trabalhadores em posições de chefia e os que se encontram nos escalões inferiores. De acordo com este autor, os trabalhadores em posições de chefia tendem a estar mais dispostos a ser promovidos e a usufruir de um bom ambiente de trabalho do que os seus homólogos do quadro júnior, que estão mais preocupados com a segurança no emprego e uma boa remuneração. Isto tende a confirmar o ponto de vista de Kovach (1987), citado em Okojie (2009), que argumenta que, à medida que os trabalhadores envelhecem, os elementos financeiros tornam-se menos motivadores, ao passo que o trabalho interessante se torna um fator de motivação mais importante. No seu estudo empírico sobre o que motiva os banqueiros nigerianos, Awolusi (2013) referiu que os bons salários e os benefícios adicionais motivam a maioria dos banqueiros, em particular os que se encontram nos escalões mais baixos. Isto está em sintonia com a opinião de Inceoglu et al (2012), que defendem que "os trabalhadores mais velhos são menos motivados por características extrínsecas do trabalho, mas mais por características intrínsecas". Deve reconhecer-se que o objetivo das recompensas é influenciar um melhor desempenho dos trabalhadores numa organização.

## 2.3 Recompensas e desempenho dos trabalhadores

Nunca é demais sublinhar o papel que as recompensas desempenham no desempenho dos trabalhadores (Chen & Hsieh, 2006). Tendo em conta a natureza dinâmica e competitiva do ambiente empresarial atual (Agarwal, 1998; Chen & Hsieh, 2006; Tung et al, 2011; Azzone & Palermo, 2011), o desempenho ótimo dos trabalhadores é fundamental para atingir os objectivos da organização e obter vantagens competitivas (Okojie, 2009). Assim, as organizações pagam um prémio para manter níveis adequados de desempenho dos trabalhadores. Foi argumentado que a forma de melhorar o desempenho dos trabalhadores é um dos principais desafios que a maioria das organizações do século XXI enfrenta (Qureshi et al, 2010). Estes autores defendem que um pacote de recompensas corretamente elaborado pode estimular e promover um melhor desempenho dos trabalhadores. No entanto, fizeram a ressalva de que a utilização incorrecta de alguns dos pacotes de recompensas poderia inadvertidamente levar à criação de um ambiente de favoritismo, sexismo e racismo, que tem impactos negativos na coesão organizacional, na motivação e no desempenho dos trabalhadores.

Lawler (2003) defende que a melhoria do desempenho é um dos objectivos da maioria dos sistemas de gestão do desempenho das organizações. Observou ainda que, embora muitos esforços de investigação tenham identificado factores que aumentam a eficácia da gestão do desempenho na promoção de um desempenho optimizado, nenhum examinou "até que ponto os resultados do sistema de gestão do desempenho estão ligados a recompensas significativas". Concluiu que se consegue um melhor desempenho quando a distribuição das recompensas emana dos resultados de um sistema de avaliação do desempenho dos trabalhadores corretamente administrado e sublinhou que "as organizações cometem um erro quando separam a avaliação do desempenho da determinação das alterações salariais". No entanto, o desempenho do trabalhador tem de ser corretamente situado e contextualizado entre o desempenho da participação e o desempenho da função (Baird & Hamner, 1979), a fim de administrar as recompensas adequadas àqueles que têm o direito.

Baird e Hamner (1979) identificaram as recompensas sistémicas e as recompensas individuais e categorizaram o desempenho neste sentido em desempenho de participação e desempenho de funções. Defenderam que, enquanto o desempenho de participação resulta do facto de se ser membro de uma organização ou de um departamento ou grupo dentro da organização, o desempenho de funções resulta das contribuições individuais do trabalhador ou da realização de objectivos definidos. Citando Katz e Kahn (1966), estes autores defendem ainda que as recompensas baseadas no desempenho de participação são recompensas sistémicas. Estes conjuntos de recompensas beneficiam todos os membros da organização ou departamento, independentemente das suas contribuições individuais. Por outro lado, as recompensas baseadas no desempenho de funções são recompensas individuais e só estão disponíveis para os membros da equipa que se distinguiram através de um excelente desempenho das tarefas que lhes foram atribuídas ou dos objectivos estabelecidos, embora dentro do prazo estipulado.

Esta distinção é vital para a conceção de políticas de recompensa adequadas, uma vez que ambas são susceptíveis de causar insatisfação, que pode levar à desistência ou à sabotagem, tal como referido anteriormente. Esta insatisfação de dois gumes afecta tanto os trabalhadores com fraco desempenho como os trabalhadores com elevado desempenho (Baird & Hamner 1979). Os trabalhadores com fraco desempenho podem ficar insatisfeitos quando são oferecidas recompensas individuais em benefício dos trabalhadores com elevado desempenho. Por outro lado, os trabalhadores de elevado desempenho podem também ficar insatisfeitos quando as recompensas do sistema são atribuídas a todos os membros do grupo. Os trabalhadores de elevado desempenho, que podem sentir que alguns membros do grupo são menos merecedores da recompensa, podem concluir que os seus esforços não são apreciados, o que os pode forçar a quererem ir para outra organização onde percebam que os seus esforços e desempenho podem ser mais reconhecidos e recompensados (Baird & Hamner 1979).

### 2.4 Motivação e desempenho dos trabalhadores

Kiruja e Elegwa (2013) estabeleceram uma relação positiva entre a motivação e o desempenho dos trabalhadores. Reconhecendo o facto de que existe uma variedade de factores de motivação e que cada fator motiva diferentes trabalhadores em diferentes graus, Awolusi (2013) argumentou que a conceção de um mecanismo adequado para motivar os trabalhadores, a fim de garantir o seu empenho e assegurar que as suas acções são orientadas para os objectivos, é um grande desafio para a maioria das organizações em todo o mundo. Para ultrapassar estes desafios, o conceito de motivação deve ser corretamente compreendido, definido e aplicado. No entanto, a motivação é um conceito difícil de definir porque engloba todas as questões que dizem respeito à direção, intensidade e persistência dos esforços humanos (Awolusi, 2013). Isto está de acordo com a opinião de Aworemi et al (2011), que identificaram a direção, a intensidade e a persistência como os três elementos-chave da motivação dos trabalhadores para o trabalho. Citando Pinder (1998), Aworemi et al argumentaram que "a motivação representa as forças dentro de uma pessoa que afectam a direção, a intensidade e a persistência do seu comportamento voluntário". De forma semelhante, a motivação para o trabalho foi definida "como um vasto conceito relativo às condições e processos que explicam a excitação, a direção, a magnitude e a manutenção do esforço no trabalho de uma pessoa" (Katzell & Thompson, 1990: 144).

O termo motivação tem a sua origem numa palavra latina "movere" que é traduzida como "mover" (Mawoli & Babandako, 2011). Inceoglu et al (2012) definiram a motivação "como tendências estáveis, semelhantes a traços, para serem motivadas por aspectos específicos do ambiente de trabalho ou resultados". Mawoli e Babandako (2011) vêem a motivação como "o impulso interior que leva os indivíduos a agir ou a realizar....", observando que, embora a motivação possa influenciar certos comportamentos orientados para objectivos, os processos envolvidos desafiam a observação e, como tal, são difíceis de medir. Malik, Maria e Muhammad (2011) definiram a motivação como os "factores internos e externos que estimulam o desejo e a energia nas pessoas para se interessarem continuamente e se empenharem num trabalho, função ou assunto e para exercerem um esforço persistente na consecução de um objetivo". Islam e Ismail (2008) argumentam que, apesar de processos como o serviço ao cliente, a tecnologia, a descentralização ou a reengenharia de processos terem o seu lugar na ajuda às organizações para manterem uma vantagem competitiva, o sucesso ou não destes exercícios reside na forma como os trabalhadores dessas organizações, que têm a tarefa de implementar esses processos, estão motivados. Defendendo a utilização de incentivos de reconhecimento e outros incentivos não pecuniários, Darling et al (1997) argumentaram que as organizações que dependem apenas de incentivos pecuniários para motivar os seus empregados estão sujeitas à perda de alguns empregados-chave. No entanto, tal como existem várias definições de motivação, também existe uma variedade de teorias de motivação.

## 2.5 Teorias da motivação

A motivação como conceito foi definida na subsecção anterior. Um dos pontos salientes observados foi que a motivação é um fenómeno complexo que desafia definições simples. Como indicado por Park e Word (2012), a motivação é um conceito abrangente que se relaciona com "as forças psicológicas que dirigem, energizam e mantêm a ação". Numa tentativa de desmistificar o conceito de motivação, vários investigadores propuseram uma variedade de teorias e hipóteses, algumas das quais serão analisadas nas subsecções seguintes. No entanto, Miner e Dachler (1973) e Aworemi et al (2011) sugeriram que as teorias da motivação são melhor discutidas sob duas grandes categorizações, que são as Teorias de Conteúdo e as Teorias de Processo. Isto está de acordo com o que Katzell e Thompson (1990: 144) descreveram como teorias "que lidam com causas exógenas ou processos endógenos". Enquanto as teorias de conteúdo lidam com o que desperta e energiza o comportamento, as teorias de processo estão preocupadas com os processos envolvidos na motivação. Nesta subsecção, a teoria da hierarquia das necessidades de Maslow, a teoria dos dois factores de Herzberg, a teoria da expetativa de Vroom e a teoria da definição de objectivos de Locke serão analisadas devido à sua relação com as questões colocadas neste trabalho de investigação.

### 2.5.1 Teorias de conteúdo

As teorias de conteúdo, também popularmente designadas por "teorias baseadas nas necessidades" (Riley, 2005), tentam explicar as necessidades dos trabalhadores e a forma como diferentes factores influenciam o seu comportamento. Entre estas teorias, segundo Riley (2005), encontram-se a Teoria da Hierarquia das Necessidades de Abraham Maslow (1954); a Teoria dos Dois Factores de Herzberg (1959) e a Teoria das Necessidades de McClelland (1961).

#### 2.5.1.1 Teoria da hierarquia das necessidades de Maslow

Esta teoria, proposta por Abraham Maslow em 1954, é uma das mais populares teorias da motivação. Maslow classificou as variedades de necessidades humanas em cinco categorias básicas numa ordem hierárquica (Riley, 2005), que incluía as necessidades fisiológicas, tais como as necessidades de alimentação, abrigo e vestuário, como a necessidade mais básica e que aparece na base da pirâmide hierárquica. Seguem-se as necessidades de segurança; as necessidades de pertença; as necessidades de autoestima, por esta ordem, e no topo da hierarquia estão as necessidades de auto-realização (Aworemi et al, 2011).

Relacionando estas necessidades básicas com o local de trabalho, na medida em que este afecta os trabalhadores, Latham e Pinder (2004) argumentaram que as questões relacionadas com o espaço, a iluminação adequada do local de trabalho e as condições gerais de trabalho estão abrangidas pelas necessidades fisiológicas. Além disso, garantir que os trabalhadores disponham de um ambiente de trabalho seguro e de práticas de trabalho seguras satisfaz as necessidades de segurança dos trabalhadores; a pertença é expressa através da afiliação e da coesão que as práticas de trabalho em equipa proporcionam. Além disso, a autoestima exprime-se através da responsabilidade e do reconhecimento e do sentimento de realização que o local de trabalho promove. Além disso, o local de trabalho oferece oportunidades de envolvimento criativo que são necessárias para superar tarefas desafiantes, o que satisfaz as necessidades de auto-realização (Latham e Pinder, 2004). Awan e Tahir (2015) estabeleceram uma relação significativa entre um ambiente de trabalho propício e o desempenho e a produtividade dos trabalhadores.

Independentemente da popularidade da teoria de Maslow, esta apresenta algumas fraquezas óbvias. Esta teoria pressupunha que só após a satisfação das necessidades mais básicas, como as necessidades fisiológicas, é que as necessidades mais elevadas são procuradas e que só as necessidades insatisfeitas é que os indivíduos se esforçam por alcançar. Além disso, não teve em consideração as diferenças individuais e generalizou que todos os trabalhadores têm uma hierarquia de necessidades igual ou semelhante, o que nega a crença geral de que o papel das recompensas pode variar de país para país (Hulkko-Nyman et al, 2012). Por exemplo, os trabalhadores de países do terceiro mundo, onde os meios de vida decentes são um grande desafio, podem reagir de forma diferente às recompensas financeiras em comparação com os seus homólogos de economias desenvolvidas. De acordo com Aworemi et al (2011), "as necessidades são deficiências conscientes produzidas a partir de impulsos inatos, mas reforçadas ou enfraquecidas através da aprendizagem e de forças sociais como a cultura e a educação na infância". Estas deficiências diferem de indivíduo para indivíduo e são também influenciadas por outros factores ambientais, como a educação e a associação. Além disso, é difícil, num contexto organizacional, distinguir estes níveis de uma forma hierárquica (Riley, 2005) e, como tal, os níveis podem estar relacionados entre si.

#### 2.5.1.2 Teoria dos dois factores de Herzberg

O trabalho de Herzberg, que se baseou no estudo de duzentos engenheiros e contabilistas em nove organizações dos Estados Unidos (Teck-Hong e Waheed, 2011), identificou alguns factores como motivadores, que são sentimentos relacionados com o conteúdo do trabalho, e outros como factores de higiene, que são sentimentos relacionados com o contexto do trabalho. De acordo com Riley (2005), os factores de motivação são a realização, o reconhecimento, o trabalho em si, a responsabilidade, a progressão e a possibilidade de crescimento. Por outro lado, os factores de higiene incluem as políticas da empresa, a supervisão, a relação com o superior hierárquico e os subordinados, bem como com os pares, os salários, a vida pessoal, o estatuto e a segurança no emprego. Celik (2013) estabeleceu uma relação positiva entre os comportamentos e atitudes dos gestores e a satisfação e motivação dos trabalhadores no trabalho.

De acordo com Teck-Hong e Waheed (2011), os motivadores e os factores de higiene não são dois extremos do continuum da motivação, uma vez que não existe uma linha divisória clara entre ambos, mas são complementares um do outro. Ou seja, não se pode dizer que os factores de higiene são desmotivadores. Argumentam que, embora os factores de higiene possam evitar a insatisfação, não conduzem, por si só, à satisfação, mas são necessários para evitar os maus sentimentos no local de trabalho. Defendem ainda que alguns trabalhadores ou trabalhadores de alguns sectores podem ter os factores de higiene ou os motivadores como motivação dominante. Verificaram que os factores de higiene funcionavam como motivação dominante para a satisfação profissional dos vendedores no sector retalhista da Malásia. Além disso, Ghazi et al (2013) argumentaram que "um nível de remuneração aceitável pode não conduzir à satisfação, mas um montante inferior ao aceitável pode conduzir à insatisfação". Este facto coincide com o ponto de vista de Leach (2000), citado em Riley (2005), que defende que Herzberg tende a dizer que "a única forma de motivar o empregado é dar-lhe um trabalho desafiante em que ele possa assumir responsabilidades". Neste contexto, a responsabilidade e as tarefas exigentes são os verdadeiros factores de motivação, independentemente dos benefícios materiais que possam advir para o trabalhador pelos serviços prestados.

No entanto, à semelhança da teoria de Maslow, Herzberg não teve em conta o papel que a cultura, o contexto industrial e outros factores contextuais e ambientais desempenham na motivação de diferentes trabalhadores em momentos diferentes, uma vez que não existe uma abordagem única à motivação. Além disso, é difícil classificar alguns dos factores como motivadores ou factores de higiene, devido ao papel que esses factores desempenham na modificação do comportamento dos diferentes trabalhadores. Por exemplo, Teck-Hong e Waheed (2011) argumentam que é difícil classificar as recompensas monetárias, nas suas várias formas, como factores de motivação ou de higiene, uma vez que são muito poucos os trabalhadores, se é que existem, que podem persistir no seu emprego sem recompensas monetárias que lhes permitam pagar as suas contas e manter o seu estilo e nível de vida.

### 2.5.2 Teorias de processo

Este conjunto de teorias aborda os processos cognitivos e psicológicos envolvidos no comportamento dos trabalhadores e tende a explicar o "porquê" e o "como" da motivação (Riley, 2005). De acordo com Riley (2005), as mais populares entre estas teorias são a Teoria da Expectativa de Vroom (1964), a Teoria da Equidade de Adam (1965), a Teoria do Reforço de Skinner e a Teoria do Estabelecimento de Objectivos de Locke (1976). A teoria da expetativa, a teoria da definição de objectivos e a teoria da equidade serão analisadas em seguida.

#### 2.5.2.1 Teoria da expetativa de Vroom

A teoria da expetativa-valência proposta por Vroom em 1964 goza de enorme popularidade como teoria da motivação no comportamento organizacional (Kennedy, et al, 1983; Eerde & Thierry, 1996; Sloof & Praag, 2007). Em relação a esta teoria, Katzell e Thompson (1990) opinaram que o que motiva os trabalhadores é a expetativa de que o seu esforço conduzirá à realização do objetivo desejado e que, tendo atingido os objectivos, o seu esforço será recompensado de forma proporcional. Clark (1998) argumentou que o conceito de valência nesta teoria sugere que os trabalhadores investirão os seus melhores esforços se e só se as recompensas esperadas forem consideradas de grande valor para eles.

Com base na teoria da expetativa, Arvey e Mussio (1973) estudaram a relação entre esforço, desempenho e recompensa, recorrendo a trabalhadoras de escritório, e referiram que "a satisfação com os resultados da recompensa estava relacionada de forma diferente com as expectativas dos indivíduos de que o desempenho resultaria na obtenção de determinados resultados". Esta noção de diferenças individuais sublinha o facto de o nível de satisfação com quaisquer recompensas variar de indivíduo para indivíduo. Este conhecimento é crucial para a gestão na conceção e implementação de pacotes de recompensas adequados que acomodem a individualidade dos trabalhadores numa organização.

#### 2.5.2.2 Teoria da definição de objectivos

Latham e Locke (1991) defendem que a teoria da definição de objectivos se baseia no pressuposto de que o comportamento dos trabalhadores é influenciado pelos seus objectivos. Esta teoria é uma das três teorias de motivação mais dominantes na literatura (Latham e Pinder, 2005), sendo as outras a teoria da expetativa e a teoria da autodeterminação (Sloof e Praag, 2007). No centro da teoria da definição de objectivos está o pressuposto de que os trabalhadores se esforçarão por atingir objectivos significativos, específicos, desafiantes, mas realistas e aceitáveis para eles (Latham e Locke, 1991). O empenho dos trabalhadores nos objectivos organizacionais é também crucial para a sua consecução (Katzell e Thompson, 1990). A garantia das competências dos trabalhadores através da formação e do desenvolvimento (Tahir et al, 2014) é fundamental para a definição de objectivos como ferramenta motivacional, a fim de assegurar que os trabalhadores possuem as aptidões e as competências necessárias para executar as tarefas atribuídas. Estes investigadores estabeleceram uma relação significativa entre a formação e o desenvolvimento e o desempenho dos trabalhadores.

Clark (1998) argumenta que, enquanto ferramenta de gestão estratégica dos recursos humanos, a teoria dos objectivos implica que os objectivos estratégicos organizacionais são desdobrados e transmitidos em cascata através dos departamentos ou secções a todos os trabalhadores, de tal forma que a realização desses objectivos organizacionais se baseia na realização dos objectivos individuais dos trabalhadores. Armstrong (2012: 64) indicou que a teoria da definição de objectivos é uma ferramenta vital na gestão das recompensas, uma vez que ajuda a associar as recompensas à realização dos objectivos definidos. Latham e Pinder (2005) argumentaram que a satisfação que resulta do facto de se ser recompensado pela realização dos objectivos definidos é um estímulo moral que aumenta a capacidade de cumprir tarefas ainda mais exigentes no futuro.

#### 2.5.2.3 Teoria da equidade

A teoria da equidade, proposta por Adams em 1963, é uma das mais importantes teorias da motivação (Riley, 2005). De acordo com Clark et al (2010), "a teoria da equidade afirma que um trabalhador compara o que coloca numa situação e o que obtém numa situação com os inputs e os resultados de um outro referente. Um indivíduo quer ver equidade entre os seus resultados/insumos e o rácio de resultados/insumos de um outro referente. Quando há falta de equidade, o indivíduo sente-se desconfortável e procura estabelecer a equidade". No local de trabalho, a equidade negativa é sentida de várias formas, desde a determinação de quem é promovido ou não, até à determinação de incentivos financeiros. Embora diferentes trabalhadores reajam de forma diferente às desigualdades, dependendo do seu nível de sensibilidade, os sentimentos de desigualdade criam desconforto (Clark et al, 2010) e impactos motivacionais negativos (Tudor, 2011) nos trabalhadores. A equidade negativa tem sido implicada na taxa de rotatividade dos trabalhadores, na satisfação no trabalho e no stress (Tudor, 2011).

Leete (2000) estabeleceu uma relação significativa entre a equidade salarial e a motivação dos trabalhadores, indicando que a motivação dos trabalhadores diminui quando estes se apercebem da desigualdade salarial entre os seus pares. Para garantir que a equidade prevaleça em todos os aspectos dos sistemas organizacionais, o conceito de equidade tem de ser visto através da lente da justiça organizacional, cujas quatro perspectivas principais são a justiça distributiva, a justiça processual, a justiça interaccional e a justiça informacional (Thomas, 2013).

## 2.6 Resumo da revisão da literatura

O denominador comum desta análise da literatura é que as recompensas dos trabalhadores desempenham um papel fundamental na sua motivação e desempenho e que as recompensas que os trabalhadores recebem em resultado da relação de trabalho afectam o seu estilo de vida, bem-estar e autoestima e tendem a transmitir o valor relativo que lhes é atribuído pelos seus empregadores. Concluiu que o comportamento dos trabalhadores pode ser influenciado positivamente através da utilização correcta das recompensas nas suas várias formas. Analisou as relações entre as recompensas e o desempenho dos trabalhadores; as recompensas e a motivação dos trabalhadores; e a motivação e o desempenho dos trabalhadores. Concluiu que as recompensas intrínsecas e extrínsecas são os dois lados do debate sobre as recompensas dos trabalhadores e que diferentes elementos de recompensa influenciam o comportamento de diferentes trabalhadores em diferentes graus, consoante estes estejam motivados de forma intrínseca ou extrínseca.

Estabeleceu que o sucesso organizacional depende da motivação e do desempenho dos trabalhadores. Assim, as organizações pagam um prémio para manter níveis adequados de desempenho dos trabalhadores através da utilização adequada de recompensas, a fim de sustentar e manter a motivação dos trabalhadores. Revelou que a avaliação do desempenho ou, melhor ainda, a gestão do desempenho é um instrumento potente que pode ser utilizado pelos gestores para influenciar positivamente o comportamento dos trabalhadores e gerar um melhor desempenho. No entanto, observou que a utilização incorrecta desta ferramenta pode resultar em desistência, desmotivação e sabotagem. Assim, uma exploração da relação entre recompensas, motivação e desempenho beneficiará as organizações na conceção de uma combinação de recompensas adequada e eficaz que orquestrará a motivação da sua força de trabalho e promoverá um melhor desempenho. Estas relações serão testadas durante o inquérito no terreno, no próximo capítulo.

# Capítulo 3

## METODOLOGIA DE INVESTIGAÇÃO

### 3.1 Introdução

Neste capítulo, uma descrição detalhada de como os dados foram recolhidos e porquê, que análises foram realizadas e porquê, serão claramente apresentadas nas secções seguintes. Neste estudo, foi utilizada uma combinação de métodos de investigação quantitativos e qualitativos. Este método combinou questionários de auto-preenchimento, que foram distribuídos a 300 inquiridos, e entrevistas semi-estruturadas a cinco gestores.

### 3.2 Recolha de dados primários

O primeiro método utilizado para obter dados dos inquiridos foi um questionário auto-preenchido. A utilização de questionários foi preferida porque é uma forma fácil de chegar a um grande número de inquiridos de uma forma barata e eficaz (Kelly, et al, 2008). Era necessário chegar a um número considerável de inquiridos para determinar a proporção de trabalhadores cuja motivação e, em última análise, desempenho são influenciados por recompensas financeiras, não financeiras e psicológicas e tirar conclusões significativas. A capacidade de efetuar esta comparação era pertinente para responder à questão e às subquestões de investigação. No entanto, a eficácia dos questionários pode ser prejudicada se a questão e as subquestões de investigação forem pouco objectivas e ambíguas (Cameron & Price, 2009). Assim, neste estudo, houve um grande cuidado na elaboração da pergunta e das subperguntas de investigação, a fim de garantir que fossem direccionadas e inequívocas e que captassem a essência do trabalho de investigação.

Tal como recomendado por Kelly et al (2008), os questionários incluíam perguntas abertas e perguntas fechadas. Também foi dado espaço aos inquiridos para comentarem livremente as questões levantadas, de modo a poderem revelar pormenores valiosos que normalmente teriam sido omitidos. Como se pode ver nos exemplos de questionários (Anexo B), foi utilizada uma escala de Likert de 5 pontos e foi pedido aos inquiridos que assinalassem em que medida concordavam totalmente, concordavam, nem concordavam, discordavam ou discordavam totalmente das afirmações de interesse apresentadas.

Os questionários auto-preenchidos foram segmentados em três categorias para atender às diferentes abordagens de recompensa habitualmente utilizadas nas organizações. As três secções são: recompensas financeiras, recompensas não financeiras e recompensas psicológicas. No final de cada secção, foi pedido aos inquiridos que fizessem comentários livres sobre as recompensas que gostariam que a sua organização implementasse. Os dados recolhidos com os questionários foram analisados utilizando estatísticas descritivas para gerar percentagens de respostas. A estatística descritiva permite que um grande conjunto de dados seja apresentado de forma simples através de gráficos e tabelas e constitui um método flexível de análise e interpretação de dados. (Tahir et al, 2014).

O segundo método utilizado nesta investigação para recolher e reunir dados primários foi uma entrevista semi-estruturada presencial a cinco gestores da Black Gold Petroleum, uma organização multinacional de petróleo e gás sediada na Nigéria. As perguntas da entrevista basearam-se nos padrões que emergiram dos questionários auto-preenchidos. Foi pedido aos entrevistados que partilhassem as suas experiências pessoais nas áreas das recompensas, da motivação e do desempenho, no que se refere às questões colocadas. Os participantes foram seleccionados através de uma amostragem intencional, tal como sugerido por Bryman e Bell (2007). Assim, o investigador procurou cinco gestores com experiências consideráveis adquiridas através do trabalho como gestores em diferentes organizações. Estes gestores foram primeiro contactados por correio eletrónico para obter a sua autorização para serem entrevistados. Foi-lhes assegurado que as informações obtidas nas entrevistas seriam tratadas com a máxima confidencialidade e utilizadas apenas para efeitos da minha dissertação de MBA.

### 3.3 População da amostra

Neste estudo, foram visados trezentos quadros superiores de uma organização do sector do petróleo e do gás (Black Gold Petroleum). Todos os quadros superiores de todas as organizações sindicalizadas do sector do petróleo e do gás na Nigéria são membros da Petroleum and Natural Gas Senior Staff Association of Nigeria (PENGASSAN). Normalmente, os membros deste sindicato são homens e mulheres com idades compreendidas entre os 22 e os 60 anos. Era necessário verificar a influência da idade e do género na relação entre recompensas, motivação e desempenho porque a literatura sobre comportamento organizacional está repleta de afirmações de que a idade e o género afectam a forma como os trabalhadores se relacionam com as recompensas exógenas e endógenas (Inceoglu, et al 2011; Aworemi, et al 2011; etc.).

O primeiro conjunto de questionários foi distribuído eletronicamente através de correio eletrónico que continha uma ligação para um sítio Web personalizado (http://dennisedogunleicester.co.uk/). Pediu-se aos inquiridos que clicassem na ligação e respondessem ao inquérito em linha. Cameron e Price (2009) sugeriram a utilização de meios electrónicos de distribuição para reduzir os custos financeiros e ambientais da administração dos questionários. Foi enviado um total de 150 inquiridos por correio eletrónico, mas a taxa de resposta a este inquérito em linha foi muito lenta, uma vez que apenas sessenta e seis (66) dos 150 inquiridos responderam ao inquérito no prazo de dois meses, depois de terem sido enviadas várias mensagens de correio eletrónico a lembrar os inquiridos. A razão para esta baixa taxa de resposta pode ser atribuída a serviços de Internet muito lentos na Nigéria, uma vez que muitos inquiridos se queixaram de páginas congeladas quando tentaram responder ao inquérito. A taxa de resposta foi de 44%.

Para obter um número significativo de respostas, foram distribuídas aleatoriamente cópias impressas dos questionários de mão em mão entre outros 150 membros deste grupo e a resposta foi mais rápida, talvez devido ao contacto cara a cara, tendo sido recebidos 103 questionários no prazo de um mês, o que representa uma taxa de resposta de 68%. No total, foram distribuídos 300 questionários e foram recebidos 169, o que representa uma taxa de resposta de 56%. No entanto, doze (12) dos questionários foram anulados devido ao facto de terem sido assinalados vários itens e 157, representando 52%, foram utilizados nas análises. Além disso, foram feitos quarenta e dois (42) comentários livres por trinta e dois (32) dos cento e cinquenta e sete (157) inquiridos no espaço destinado a comentários livres, tendo sido extraídas informações valiosas das suas opiniões.

O segundo método de recolha de dados foi uma entrevista semi-estruturada. A fim de complementar os dados quantitativos recolhidos através dos questionários e verificar a informação recolhida, tal como sugerido em Cameron e Price (2009), foram entrevistados cinco gestores da Black Gold Petroleum na segunda fase do estudo, tendo sido obtidos conhecimentos úteis. Como defendem Vonk et al (2006:139), as entrevistas, enquanto método qualitativo de recolha de dados, são atractivas devido à sua flexibilidade e facilidade de administração e às suas "... tentativas de proporcionar uma compreensão aprofundada das experiências subjectivas dos participantes". Este ponto é muito importante, uma vez que o facto de se fazer comentários nas páginas dos questionários é geralmente inadequado para transmitir os sentimentos profundos das pessoas. Foi necessário obter alguns conhecimentos sobre as experiências subjectivas dos entrevistados porque o conceito de motivação é um fenómeno difícil de descrever e também porque contar a história tal como ela é foi muito benéfico para esta investigação.

A atmosfera menos formal criada por um método de entrevista semi-estruturado ajuda a captar algumas mensagens subtis, mas vitais, que são transmitidas através da linguagem corporal dos entrevistados, bem como das suas percepções e opiniões (Barriball & While, 1994). A fim de obter um nível razoável de comparabilidade, foram feitas as mesmas perguntas aos cinco gestores. No entanto, a flexibilidade permitida pelas entrevistas semi-estruturadas tornou possível fazer algumas perguntas de sondagem e de acompanhamento com base no que os entrevistados disseram e que eram relevantes para as questões de investigação. As perguntas de sondagem e de acompanhamento variam ligeiramente de um entrevistado para outro, consoante o fluxo e a direção da conversa. Desta forma, obtiveram-se conhecimentos sólidos que ajudaram a apoiar e a validar alguns dos dados que emergiram da análise do questionário auto-preenchido. Com a autorização dos participantes, as sessões de entrevista foram gravadas. As entrevistas foram transcritas após vários exercícios de audição e as transcrições são apresentadas no Anexo B. Tal como sugerido em Braun e Clarke (2006), a análise temática será utilizada na análise das entrevistas semi-estruturadas, a fim de identificar e desenvolver temas e padrões que emergiram dos dados recolhidos. A escolha da análise temática foi informada pela sua flexibilidade (Braun & Clarke, 2006).

O tipo de dados recolhidos por este meio seria impossível de recolher apenas com a utilização de questionários. Isto também eliminou os riscos associados a distracções graves que teriam sido encontradas se fosse utilizado um método de entrevista totalmente não estruturado (Rabionet, 2011). Além disso, um método de entrevista completamente estruturado teria sido demasiado formal para satisfazer as necessidades desta investigação, uma vez que as perguntas de sondagem e de seguimento não teriam sido permitidas e teriam sido feitas a todos os entrevistados as mesmas perguntas padronizadas (Barriball & While, 1994), a fim de alcançar níveis aceitáveis de validade e fiabilidade.

Entrevistar estes gestores e levá-los a partilhar as suas experiências individuais ajudou o investigador a obter mais informações sobre algumas das principais conclusões do inquérito por questionário. Este facto justifica a utilização de vários métodos de recolha de dados. A combinação de métodos de recolha e análise de dados quantitativos e qualitativos tem vantagens óbvias, uma vez que os pontos fracos inerentes a qualquer um dos métodos são complementados. Este fenómeno é o que Denzin (1978: 291), citado em Jick (1979), descreveu como triangulação. Segundo Jick, a triangulação permite aos investigadores reunir e recolher diferentes tipos de dados sobre o mesmo fenómeno, o que conduz a uma melhoria notável do nível de julgamento.

### 3.4 Questões éticas

De acordo com a política da University of Leicester School of Management, é imperativo ter em conta certas questões éticas quando se realiza um projeto de investigação, a fim de garantir que a recolha de dados é feita de acordo com as directrizes e que os participantes são protegidos através da manutenção de uma confidencialidade rigorosa. Os participantes que tomaram parte nas sessões de entrevista foram assegurados, tanto verbalmente como através de e-mails escritos, que as suas identidades permaneceriam anónimas e que os dados obtidos através das entrevistas seriam apenas utilizados para efeitos da minha dissertação de MBA. Foi também solicitada e obtida a autorização dos participantes para que as entrevistas fossem gravadas. Ao longo das entrevistas, os participantes nunca foram pressionados a responder a quaisquer questões colocadas, uma vez que todas as respostas se basearam na livre vontade dos participantes.

De igual modo, houve o maior cuidado em garantir que os participantes fossem tratados com cortesia e profissionalismo. O tempo dos participantes foi respeitado ao máximo, assegurando o cumprimento do horário e do período de tempo atribuídos durante as entrevistas. No final da transcrição das entrevistas, os cinco participantes receberam as suas transcrições para validarem os dados recolhidos.

# Capítulo 4

## ANÁLISE E RESULTADOS

### 4.1 Introdução

Neste capítulo, as análises dos dados recolhidos durante o inquérito de campo através de questionários e de sessões de entrevistas semi-estruturadas serão apresentadas de forma tão clara, credível e concisa quanto possível. Os dados recolhidos nas entrevistas semi-estruturadas a cinco gestores serão apresentados em primeiro lugar através da análise temática, para que os temas e padrões emergentes sejam apresentados de forma clara, tal como sugerido por Braun e Clarke (2006). Seguir-se-á a análise dos dados recolhidos através dos questionários. Serão utilizados gráficos e tabelas para apresentar os dados quantitativos. Durante a discussão dos dados quantitativos recolhidos através dos questionários, serão apresentadas algumas citações importantes das entrevistas, bem como citações dos comentários livres, para apoiar alguns dos argumentos ou afirmações de alguns dos inquiridos. Assim, estas análises serão uma mistura dos dados quantitativos recolhidos com os questionários, dos dados qualitativos obtidos a partir dos comentários livres e dos dados qualitativos das entrevistas.

### 4.2 Análise das entrevistas semiestruturadas

Esta sessão começa com a audição repetida dos excertos das entrevistas e a redação das transcrições das cinco entrevistas. Seguiu-se a leitura e a releitura das transcrições das entrevistas e, por vezes, o regresso à escuta dos excertos das entrevistas e, posteriormente, a codificação dos dados nos conjuntos de dados (Braun e Clarke, 2006). As transcrições são apresentadas no Apêndice B. As perguntas eram as mesmas, mas as perguntas de sondagem e de seguimento eram ligeiramente diferentes, dependendo da deriva e do fluxo da conversa, mas foram feitos esforços para garantir que a entrevista se mantivesse centrada e abordasse as questões fundamentais da investigação. Para proteger a confidencialidade dos entrevistados, cada entrevistado foi identificado por números, tornando-os assim anónimos.

Da análise das entrevistas utilizando a análise temática, tal como sugerido por Braun e Clarke (2006), emergiram cinco temas principais. O primeiro tema foi que "Existe uma relação entre a motivação e o desempenho dos trabalhadores". Este tema valida Kiruja & Elegwa (2013) e Awolusi (2013). Estes investigadores estabeleceram uma relação positiva entre a motivação dos trabalhadores e o seu desempenho. Um dos gestores entrevistados observou que "a nível geral, a única forma de fazer com que os trabalhadores tenham o melhor desempenho possível é motivá-los adequadamente". O segundo tema foi que "as recompensas corretamente administradas motivam os trabalhadores e melhoram o seu desempenho". Este facto confirma Chen & Hsieh (2006), Lawler (2003), Baird & Hamner (1979). O terceiro tema foi o seguinte: "A comunicação eficaz promove uma relação de trabalho harmoniosa entre a direção e os trabalhadores". Um dos gestores entrevistados observou que "a falta de uma comunicação adequada e eficaz é a principal causa da desarmonia industrial que a nossa organização atravessa atualmente, o que tem afetado o desempenho dos trabalhadores devido ao seu baixo moral". Este facto confirma Lawler (2003). O quarto tema foi o seguinte: "O feedback do desempenho melhora o desempenho dos trabalhadores". Este facto valida Lawler (2003), Armstrong (2012) e Latham et al (2005). Finalmente, o quinto tema foi que "A atitude dos gestores afecta o desempenho dos trabalhadores". Este facto valida Latham & Pinder (2004), Awan & Tahir (2015). Além disso, Celik (2013) estabeleceu uma relação significativa entre as atitudes e os comportamentos dos gestores e a satisfação e motivação dos trabalhadores no trabalho. Além disso, a relação entre os gestores e os trabalhadores foi designada como um fator de higiene de acordo com a teoria dos dois factores de Herzberg (Riley, 2005), com um enorme potencial de desmotivação. Um dos gestores entrevistados observou que "uma atitude positiva e respeitosa dos gestores cria uma atmosfera propícia a um bom desempenho. Um bom gestor deve ter respeito pelos seus empregados para poder tirar o melhor partido deles".

Devido à limitação do número de palavras, os pormenores dos temas e padrões da análise temática encontram-se no Apêndice C. Apresenta-se de seguida o mapa temático que relaciona os temas e padrões com o cerne da questão de investigação.

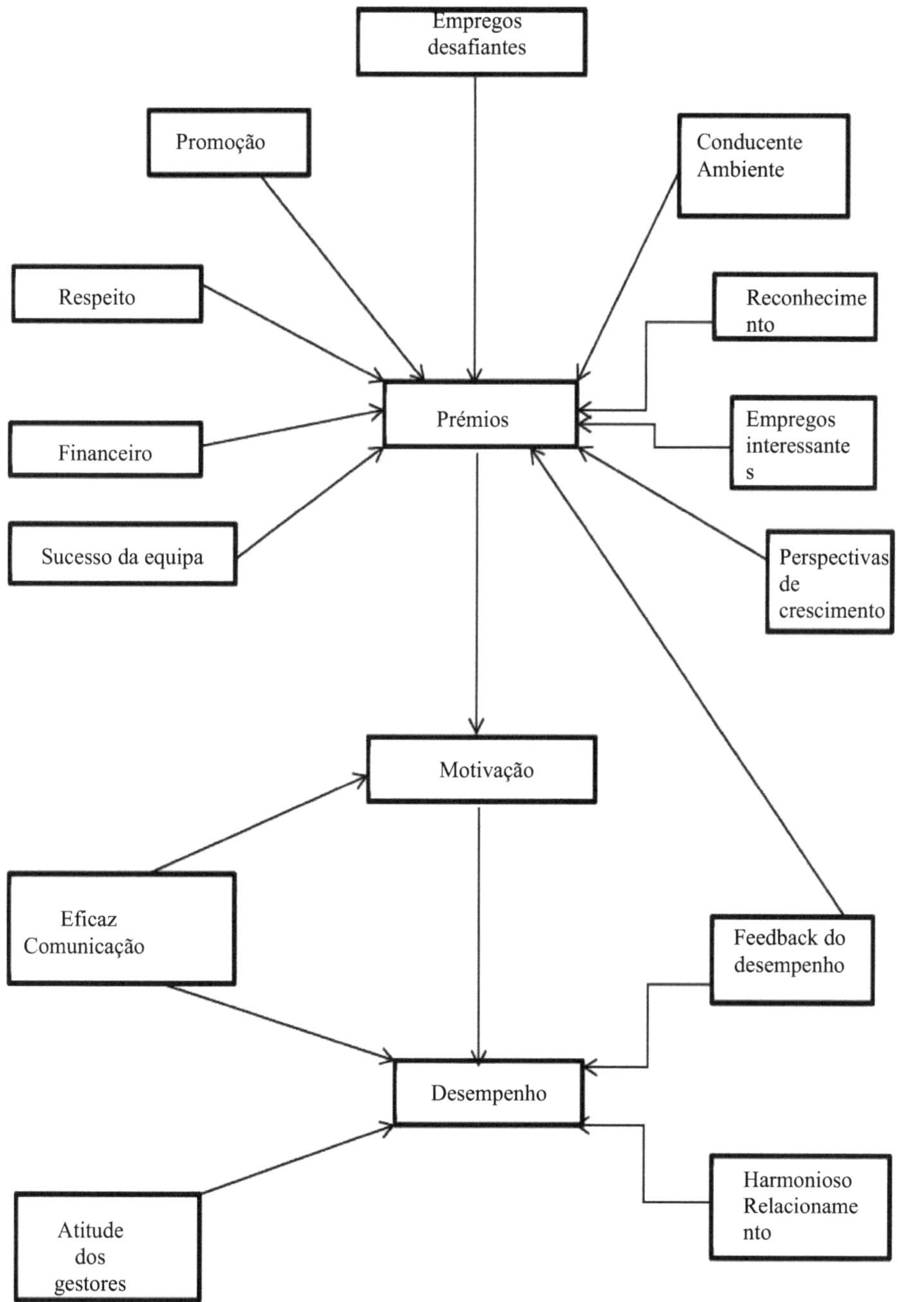

(Fonte: inquérito no terreno)

**Figura 4. 1Mapa Temático da Análise das Entrevistas Semiestruturadas**

### 4.3 Análise dos dados dos questionários

No total, foram distribuídos 300 questionários na Black Gold Petroleum. Foram recebidos 169, o que representa 56% de respostas. No entanto, doze (12) dos questionários foram anulados devido a múltiplas marcações e outras irregularidades e 157, representando 52%, foram utilizados nas análises. Além disso, trinta e dois (32) dos cento e cinquenta e sete (157) inquiridos utilizaram o espaço fornecido para comentários livres, tendo sido extraídas informações valiosas das suas opiniões. Os comentários livres serão analisados juntamente com as afirmações fechadas e abertas. Os resultados são apresentados em tabelas e gráficos nas subsecções seguintes.

#### 4.3.1 Características demográficas e distribuição da dimensão da organização

Como mostra a Tabela 4.6, 139 dos que responderam ao inquérito eram homens e apenas 18 mulheres participaram. Além disso, 121 de todos os inquiridos tinham menos de 45 anos e 36 tinham mais de 45 anos.

**Quadro 4.1 Características demográficas dos inquiridos**

| | Masculino | Feminino |
|---|---|---|
| Género | 139 | 18 |
| | | |
| | Inferior a 45 anos | Mais de 45 anos |
| Idade | 121 | 36 |

É compreensível que apenas 9% dos inquiridos se enquadrem na faixa etária dos 50-59 anos, em comparação com 40% dos inquiridos na faixa etária dos 30-39 anos (Figura 4.6). A idade de reforma obrigatória na Nigéria é de 60 anos e, como tal, são esperadas poucas pessoas entre os 50 e os 59 anos. Por outro lado, a população ativa na Nigéria é de 30 a 39 anos. Além disso, o número de inquiridos na faixa etária dos 20 aos 29 anos foi de 22%. Isto deve-se ao facto de serem muito poucos os nigerianos que se licenciam na universidade ou em qualquer outra instituição superior antes dos 22 anos de idade, uma vez que a Nigéria pratica o sistema de ensino 6-3-3-4.

Do mesmo modo, 29% dos inquiridos situam-se na faixa etária dos 40 aos 49 anos. Pode dizer-se que a maioria da população ativa na Nigéria tem entre 30 e 49 anos.

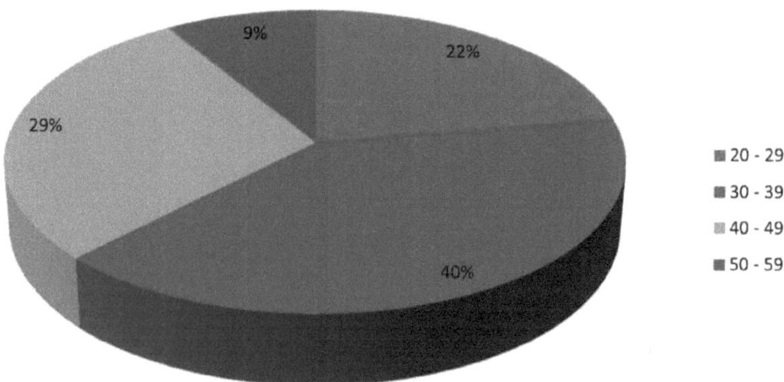


(Fonte: Inquérito de campo)

**Figura 4.2 Distribuição etária dos inquiridos**

### 4.3.2 Análise dos dados relativos às recompensas financeiras obtidos no inquérito no terreno

**Quadro 4.2 Respostas gerais ao questionário sobre recompensas financeiras**

| DECLARAÇÕES | | Concordo totalmente | De acordo | Nenhum dos dois | Não concordo | Fortemente Não concordo | Contagem |
|---|---|---|---|---|---|---|---|
| Os bons esforços devem ser devidamente recompensados em termos financeiros | Não | 104 | 45 | 7 | 1 | 0 | 157 |
| | % | 66 | 29 | 4 | 1 | 0 | |
| A recompensa monetária melhora o desempenho | Não | 54 | 77 | 12 | 6 | 0 | 149 |
| | % | 34 | 49 | 8 | 4 | 0 | |
| Estou satisfeito com o meu atual pacote salarial | Não | 1 | 57 | 22 | 46 | 9 | 135 |
| | % | 1 | 36 | 16 | 29 | 6 | |
| O atual sistema de | Não | 1 | 56 | 18 | 42 | 9 | 126 |

| | | | | | | | |
|---|---|---|---|---|---|---|---|
| remuneração da minha organização é adequado e suficiente | % | 1 | 36 | 14 | 27 | 6 | |
| É necessária a revisão anual do sistema de remuneração para refletir a inflação | Não | 63 | 67 | 6 | 10 | 2 | 148 |
| | % | 40 | 43 | 4 | 6 | 1 | |
| Os representantes dos trabalhadores, através dos seus sindicatos, devem ser consultados aquando da determinação ou revisão do sistema de remuneração | Não | 73 | 60 | 13 | 11 | 0 | 157 |
| | % | 46 | 38 | 8 | 7 | 0 | |
| A equidade e a justiça no que respeita à remuneração de cada trabalhador são necessárias | Não | 88 | 62 | 5 | 2 | 0 | 157 |
| | % | 56 | 39 | 3 | 1 | 0 | |
| Os pacotes de remuneração devem refletir as forças do mercado de trabalho, bem como a equidade interna | Não | 64 | 81 | 10 | 2 | 0 | 157 |
| | % | 41 | 52 | 6 | 1 | 0 | |
| O aumento dos salários e dos bónus ajudar-me-á a desempenhar melhor o meu trabalho | Não | 75 | 59 | 11 | 3 | 2 | 150 |
| | % | 48 | 38 | 7 | 2 | 1 | |
| A minha remuneração reflecte o valor que o meu empregador me atribui | Não | 36 | 79 | 27 | 14 | 1 | 157 |
| | % | 23 | 50 | 17 | 9 | 1 | |
| Empréstimo automóvel e subvenções | Não | 42 | 70 | 20 | 0 | 0 | 132 |
| | % | 27 | 45 | 15 | 0 | 0 | |
| Empréstimos e subsídios à | Não | 58 | 63 | 14 | 0 | 0 | 135 |

| habitação | % | 37 | 40 | 10 | 0 | 0 | |
|---|---|---|---|---|---|---|---|
| Subsídios e bolsas de estudo para trabalhadores | Não | 65 | 55 | 22 | 1 | 0 | 143 |
| | % | 41 | 35 | 15 | 1 | 0 | |
| Subsídios e bolsas de estudo para os filhos e pupilos dos trabalhadores | Não | 66 | 64 | 16 | 0 | 0 | 146 |
| | % | 42 | 41 | 11 | 0 | 0 | |

(Fonte: Inquérito de campo)

Verificou-se que 104 inquiridos, representando 66%, concordaram fortemente com a afirmação de que "os bons esforços devem ser adequadamente recompensados financeiramente", 29% concordaram e apenas 1% discordou da afirmação. A Figura 4.3 mostra esta situação.

Good effort must be adequately rewarded financially

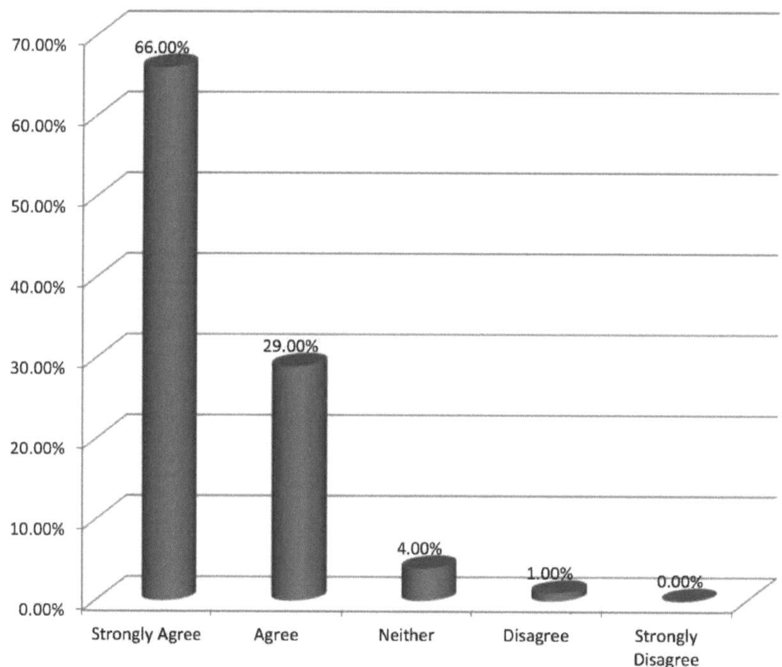


(Fonte: Inquérito de campo)

**Figura 4.3 Os bons esforços devem ser adequadamente recompensados em termos financeiros**

No entanto, a fim de testar as afirmações de que os trabalhadores mais jovens tendem a estar mais dispostos a receber recompensas financeiras ou extrínsecas, como afirmam vários investigadores (por exemplo, Palmer, 1989; Awolusi, 2013 e Inceoglu, 2012), os dados recolhidos no inquérito de campo foram segmentados demograficamente para determinar a percentagem de inquiridos do sexo masculino, do sexo feminino, com idade inferior a 45 anos e com idade superior a 45 anos que são influenciados por recompensas financeiras. O resultado é apresentado na Figura 4.4. O efeito positivo de boas recompensas financeiras pelos bons esforços realizados no local de trabalho é transversal a todos os inquiridos, uma vez que 74% dos inquiridos do sexo masculino e 78% dos inquiridos do sexo feminino concordaram fortemente que os bons esforços devem ser adequadamente recompensados financeiramente. A idade também teve pouco ou nenhum efeito sobre esta questão, uma vez que 79% e 82% dos inquiridos com menos de 45 anos e com mais de 45 anos, respetivamente, concordaram fortemente que os bons esforços devem ser adequadamente recompensados financeiramente. Nenhum destes grupos discordou fortemente da afirmação.

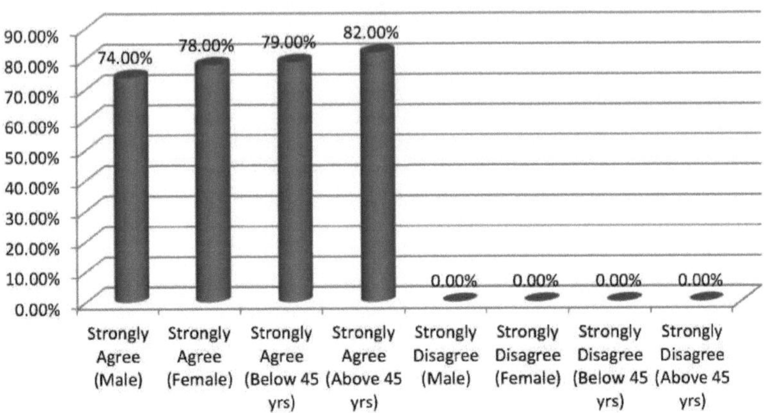


(Fonte: Inquérito de campo)

**Figura 4.4 Influências demográficas nas recompensas financeiras**

Esta tendência é semelhante à das respostas à afirmação "A recompensa monetária melhora o desempenho" (Figura 4.5), uma vez que 42% e 54% dos homens; 33% e 67% das mulheres; 36% e 55% dos inquiridos com menos de 45 anos e 41% e 53% dos inquiridos, respetivamente, concordaram e concordaram fortemente que a recompensa monetária melhora o desempenho. Um inquirido que fez um comentário livre opinou que "um sistema que recompense a excelência e promova a equidade motiva-me" (inquérito de campo). Isto sublinha o facto de que as recompensas financeiras devem ser geridas de forma adequada, a fim de aumentar a motivação e o desempenho dos trabalhadores.

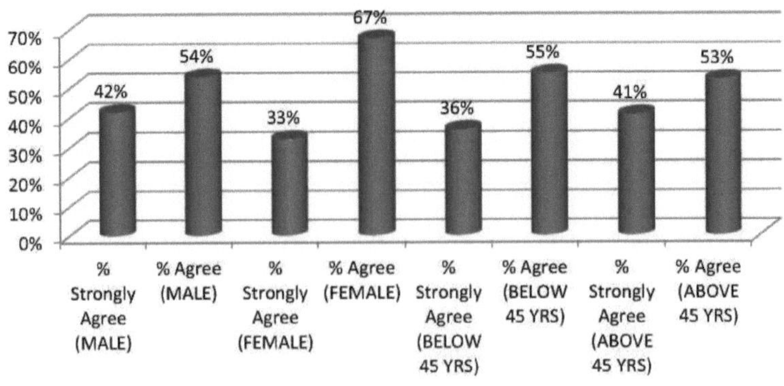

(Fonte: Inquérito de campo)

**Figura 4.5 Efeitos da recompensa monetária no desempenho**

Em virtude destes resultados, as afirmações de que quanto mais velho um trabalhador se torna, menos ligado às recompensas financeiras não podem ser validadas, pelo menos no contexto nigeriano. Este resultado tende a estar em desacordo com as conclusões de Palmer (1989), Awolusi (2013) e Inceoglu (2012). Estes investigadores indicaram que os trabalhadores mais velhos tendem a ser mais motivados por recompensas intrínsecas do que por recompensas extrínsecas, mas não quantificaram o nível de desinteresse que os trabalhadores mais velhos manifestam em relação às recompensas financeiras. Isto pode dever-se ao facto de o meu estudo de investigação atual se basear em trabalhadores nigerianos de uma organização de petróleo e gás. Esta influência contextual e ambiental foi também referida por um dos gestores entrevistados. A sua experiência como gestor abrangeu diferentes países e, segundo ele, "Há muitas perspectivas para as recompensas. A nossa cultura, formação académica e talvez a idade influenciam, em grande medida, a nossa preferência por recompensas financeiras ou outras formas de recompensa" (Entrevistado 5).

Embora os trabalhadores com mais de 45 anos também possam ser mais favoráveis às recompensas não financeiras ou psicológicas, não se pode dizer que não sejam influenciados pelas recompensas financeiras, como revela a Figura 4.5. Esta afirmação está de acordo com a opinião expressa por um dos inquiridos com mais de 45 anos, que comentou livremente que "Para além das recompensas financeiras, as recompensas não financeiras, como recordar o aniversário de um trabalhador ou felicitar um trabalhador pela chegada de um novo bebé, podem contribuir muito para incutir alguma confiança e sentimento de apreço" (Comentário livre).

Esta constatação sublinha o facto de as reacções dos trabalhadores às recompensas - financeiras, não financeiras e psicológicas - serem influenciadas por factores ambientais e contextuais. A Nigéria é uma nação do terceiro mundo com muitas incertezas económicas, o que normalmente coloca os trabalhadores sob alguma pressão para quererem acumular o máximo de riqueza possível, a fim de garantirem o futuro dos seus filhos e pupilos, uma vez que a segurança social não faz atualmente parte das políticas governamentais.

No entanto, verificou-se que as recompensas financeiras, por si só, não são suficientes para manter e sustentar a motivação e o desempenho dos trabalhadores. Os cinco gestores entrevistados defendem que as recompensas financeiras devem ser utilizadas em conjunto com outras recompensas para serem eficazes. Um dos gestores referiu que "a experiência tem demonstrado que a utilização de recompensas financeiras por si só só só pode garantir o sucesso a curto prazo, uma vez que a satisfação que lhe está associada é geralmente de curta duração, e que as organizações devem antes utilizar recompensas não financeiras e psicológicas para complementam os salários e subsídios, que são obrigatórios" (Entrevistado 3). Esta constatação está de acordo com a opinião de Drucker, que defende que as recompensas financeiras, por si só, são um fraco fator de motivação (Drucker, 2007). Drucker encoraja o descontentamento que advém do facto de se querer fazer um trabalho melhor, em vez do descontentamento que advém do facto de se querer mais recompensas financeiras.

Além disso, devido ao papel fundamental que a remuneração dos trabalhadores desempenha na sua motivação e desempenho, foi necessário testar o papel desempenhado pelos representantes dos trabalhadores na determinação da remuneração dos trabalhadores. Assim, as respostas à afirmação "Os representantes dos trabalhadores, através dos seus sindicatos, devem ser consultados aquando da determinação ou revisão do sistema de remuneração" são apresentadas na Figura 4.6.

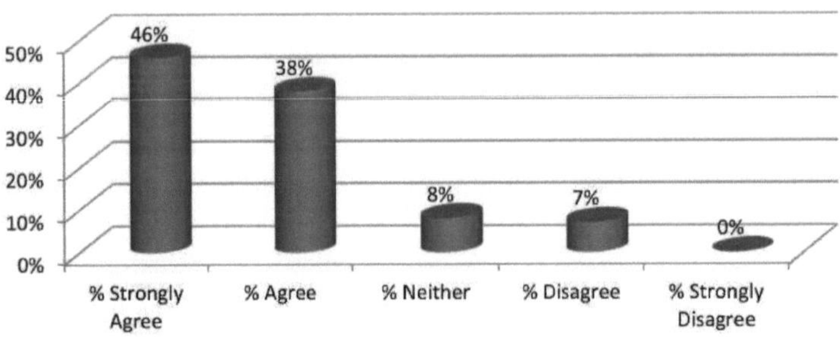


(Fonte: Inquérito de campo)

**Figura 4.6 Efeito do representante dos trabalhadores na determinação da remuneração**

Verificou-se que os representantes dos trabalhadores, através do seu sindicato, desempenham um papel importante na determinação da remuneração dos trabalhadores, uma vez que tendem a dar aos trabalhadores a garantia de que o seu bem-estar será tratado de forma equitativa e justa se os seus representantes estiverem envolvidos no processo que conduz à sua determinação. É o que se designa por negociação colectiva (Anyim et al, 2011). O resultado mostrou que 46% e 38%, respetivamente, concordaram e concordaram fortemente com a afirmação e apenas 7% discordaram. As entrevistas a cinco gestores revelaram que este processo só pode ser contínuo se a organização mantiver uma comunicação aberta com os seus trabalhadores. Verificou-se que a desarmonia industrial é orquestrada pela falta de comunicação aberta entre a direção e os trabalhadores. Os cinco gestores entrevistados foram unânimes em concordar que as crises industriais podem ser evitadas se os trabalhadores forem corretamente envolvidos e comunicados. O entrevistado 4 observou que "uma comunicação adequada que reflicta o respeito pelos indivíduos, independentemente das suas posições, é fundamental para uma relação harmoniosa entre o sindicato e a direção" (Entrevistado 4). Estas conclusões indicam que a negociação colectiva continua a ser uma ferramenta útil para as relações laborais. A negociação colectiva como um verdadeiro meio de assegurar uma relação harmoniosa no local de trabalho entre a administração e os trabalhadores foi reconhecida por Anyim et al (2011).

As respostas à afirmação "É necessária equidade e justiça no que respeita à remuneração de cada trabalhador" são apresentadas na Figura 4.7. Como se pode ver, 62% dos homens, 50% das mulheres, 57% dos inquiridos com menos de 45 anos e 71% dos inquiridos com mais de 45 anos, respetivamente, concordaram fortemente que a equidade e a justiça são necessárias para determinar a remuneração dos trabalhadores. A equidade significa que a equidade prevalece em todos os aspectos da relação de trabalho e, como sugeriu Thomas (2013), o conceito de equidade tem de ser visto através da lente da justiça organizacional, cujas quatro perspectivas principais são a justiça distributiva, a justiça processual, a justiça interaccional e a justiça informativa. As desigualdades percebidas criam desconforto para os trabalhadores e afectam a sua motivação e desempenho (Clark et al, 2010). O efeito das desigualdades nos trabalhadores foi bem captado por um inquirido que fez um comentário livre. Segundo ele, "as recompensas financeiras são boas e ajudam os trabalhadores a sentir que os seus esforços são recompensados. No entanto, independentemente de quão atractivos sejam os incentivos financeiros, se houver injustiças na distribuição dessas recompensas, o sentimento de iniquidade que daí resulta é desmoralizante e cria desconforto que afecta o desempenho e gera mágoa entre os colegas" (Comentário livre). Isto está de acordo com os pontos de vista de Stecher e Rosse (2007) e Clark et al (2010), que observaram que os sentimentos de desigualdade geram desconforto psicológico no local de trabalho, o que resulta em desmotivação e baixo desempenho.

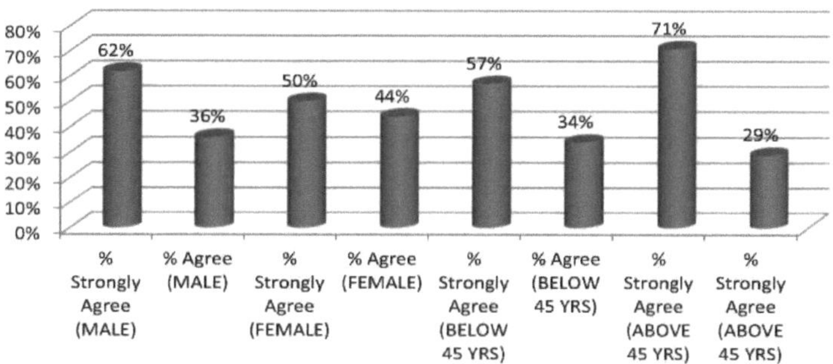


(Fonte: Inquérito de campo)

**Figura 4.7 Efeitos da justiça e da equidade na motivação e no desempenho dos trabalhadores**

De forma semelhante, os resultados do inquérito sobre benefícios adicionais, tais como empréstimos e subsídios para automóveis, empréstimos e subsídios para habitação, subsídios e bolsas de estudo para os trabalhadores e subsídios e bolsas de estudo para os filhos dos trabalhadores, são apresentados nas Figuras 4.8 a 4.12.

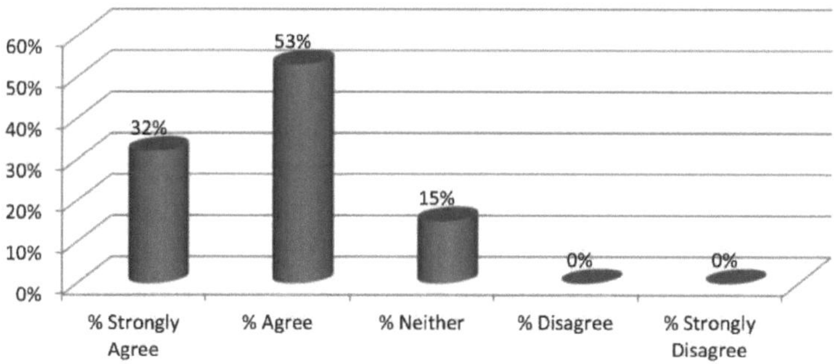


(Fonte: Inquérito de campo)

**Figura 4.8 Efeitos dos empréstimos e subsídios para automóveis na motivação**

Como mostra a Figura 4.8, 15% dos inquiridos indicaram que não foram influenciados por empréstimos e subsídios para automóveis, mas 32% e 53%, respetivamente, concordaram e concordaram fortemente que tais empréstimos afectarão positivamente a sua motivação.

Mais uma vez, verificou-se que os empréstimos e subsídios à habitação têm um forte efeito sobre a motivação dos trabalhadores, uma vez que 43% e 47%, respetivamente, concordaram e concordaram fortemente que esses empréstimos irão melhorar o seu desempenho, uma vez que os ajudarão a assegurar uma das necessidades humanas básicas de abrigo, como mostra a Figura 4.9. A necessidade de um abrigo condigno é uma das hierarquias de necessidades de Maslow, que aparece na base da pirâmide das necessidades. A Nigéria, sendo uma nação do terceiro mundo, ainda está atrasada na provisão de habitação condigna e acessível para a sua população e, como tal, os trabalhadores lutam para se alojarem decentemente. Para reforçar a necessidade de habitação a preços acessíveis, um dos inquiridos que utilizou o espaço para comentários livres observou que "Um subsídio de habitação com juros substancialmente baixos [taxa] que reflicta as realidades económicas servirá como estratégia de retenção de pessoal se for implementado" (Comentário livre).

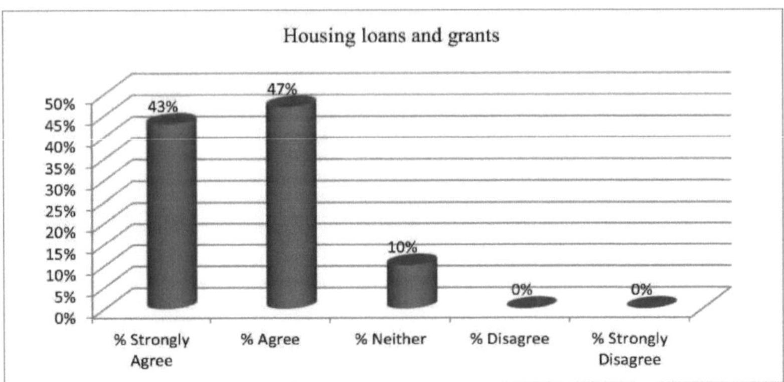


(Fonte: Inquérito de campo)

**Figura 4.9 Efeito dos empréstimos e subsídios à habitação na motivação**

Além disso, verificou-se que os subsídios e bolsas de estudo para os trabalhadores têm uma forte influência na motivação dos trabalhadores. De acordo com a Figura 4.10, 45% concordaram fortemente e 38% concordaram que influenciam a sua motivação. No entanto, apenas 2% discordaram e 15% não foram influenciados por esses benefícios.

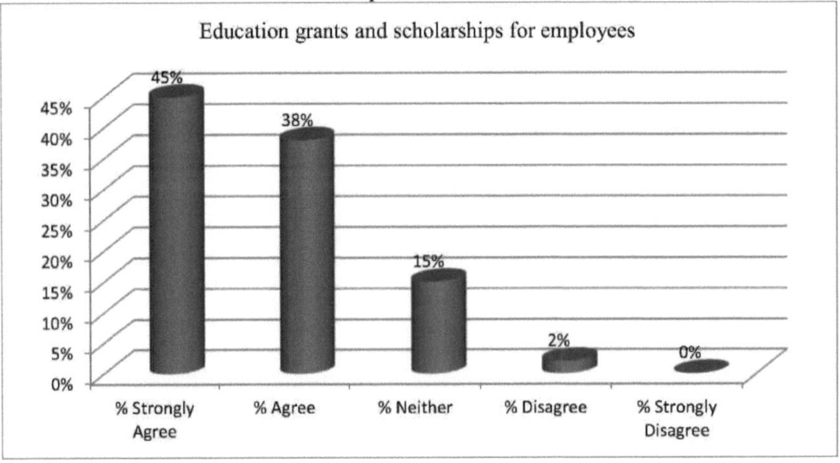


(Fonte: Inquérito de campo)

**Figura 4.10 Efeito dos subsídios e bolsas de estudo para os trabalhadores na motivação**

Como se pode ver na Figura 4.11, observou-se que 45% e 44%, respetivamente, concordaram e concordaram fortemente que os subsídios e bolsas de estudo para os filhos e pupilos dos trabalhadores terão impacto na sua motivação. Isto pode estar relacionado com o facto de os trabalhadores pagarem uma grande parte do seu rendimento anual para educar os seus filhos e pupilos, uma vez que a maioria dos trabalhadores prefere escolas privadas a escolas públicas devido à qualidade da aprendizagem nessas escolas privadas em toda a Nigéria.

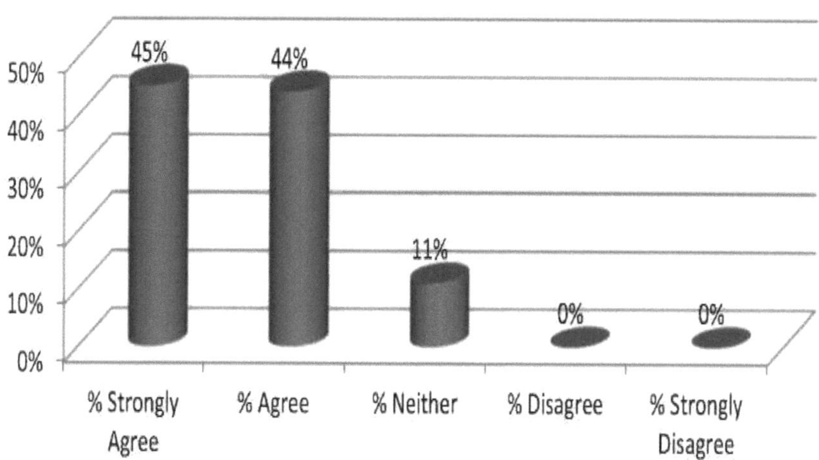


(Fonte: Inquérito de campo)

**Figura 4.11 Efeito dos subsídios e bolsas de estudo para as filhas e filhos dos trabalhadores na motivação**

Em conjunto (Figura 4.12), observou-se que os subsídios de educação e as bolsas de estudo para as crianças e os filhos dos trabalhadores têm o maior impacto na motivação dos trabalhadores, uma vez que 76,3% dos inquiridos estavam de acordo quanto aos seus efeitos. Seguiram-se os empréstimos e subsídios à habitação, com 72,90%, e os subsídios e bolsas de estudo para os trabalhadores, com 69,50%. Por outro lado, os empréstimos e subsídios para automóveis foram os que tiveram o menor efeito nos trabalhadores inquiridos, representando apenas 50,80%. Kamau (2013) concorda que os benefícios adicionais ajudam os trabalhadores a manter uma boa qualidade de vida, uma vez que proporcionam algumas formas de segurança financeira aos trabalhadores. No entanto, na sua análise dos efeitos dos benefícios adicionais no desempenho das empresas coreanas, Kwak e Lee (2009) concluíram que os benefícios adicionais não são um meio eficaz de motivar os trabalhadores para um melhor desempenho, provavelmente devido à sua utilização como meio de exploração de interesses próprios por alguns gestores de organizações. No entanto, reconheceram que os benefícios adicionais podem ser utilizados para incentivar os trabalhadores. Também,

Awolusi (2013) referiu que os bons salários e os benefícios adicionais motivam a maioria dos banqueiros nigerianos, especialmente os que se encontram nos escalões mais baixos.

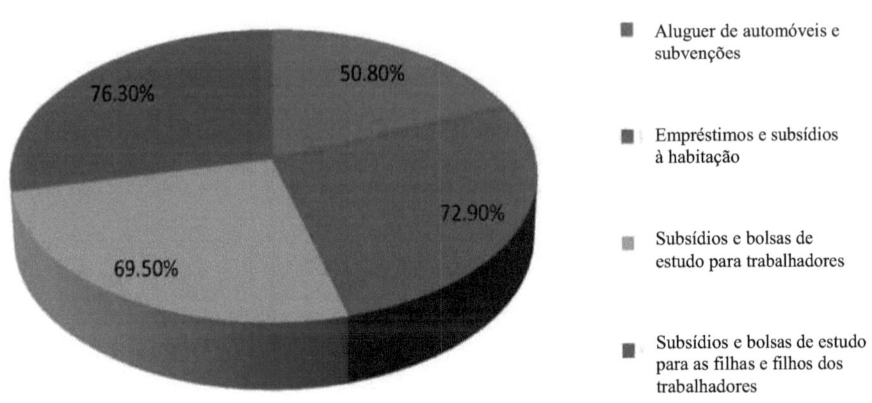


(Fonte: Inquérito de campo)

**Figura 4.12 Respostas dos inquiridos a alguns benefícios adicionais**

### 4.3.3 Análise dos dados relativos às recompensas não financeiras obtidos no inquérito no terreno

**Quadro 4.3 Resposta geral ao questionário sobre recompensas não financeiras**

| DECLARAÇÕES | | Concordo totalmente | De acordo | Nenhum dos dois | Não concordo | Fortemente Não concordo | Contagem |
|---|---|---|---|---|---|---|---|
| Sinto-me seguro para fazer o meu trabalho atual | Não | 25 | 75 | 40 | 16 | 1 | 157 |
| | % | 16 | 48 | 25 | 10 | 1 | |
| Do ponto de vista profissional, estou satisfeito com a minha posição atual | Não | 4 | 63 | 15 | 43 | 8 | 133 |
| | % | 3 | 40 | 11 | 27 | 5 | |
| As oportunidades de promoção surgem regularmente na minha organização | Não | 2 | 39 | 20 | 58 | 12 | 131 |
| | % | 1 | 25 | 15 | 37 | 8 | |
| A promoção é distribuída de | Não | 0 | 17 | 52 | 62 | 26 | 157 |

| | | | | | | | |
|---|---|---|---|---|---|---|---|
| forma homogénea na minha organização | % | 0 | 11 | 33 | 39 | 17 | |
| As oportunidades de formação formal estão distribuídas de forma equitativa entre os trabalhadores | Não | 7 | 41 | 18 | 44 | 18 | 128 |
| | % | 4 | 26 | 14 | 28 | 11 | |
| A minha organização tem um sistema de pensões para cuidar de mim quando me reformar | Não | 42 | 81 | 15. | 10 | 2 | 150 |
| | % | 27 | 52 | 10 | 6 | 1 | |
| A comunicação frequente do meu desempenho profissional pelo meu chefe ajuda-me a fazer o meu trabalho de forma mais eficiente | Não | 41 | 89 | 21 | 6 | 0 | 157 |
| | % | 26 | 57 | 13 | 4 | 0 | |
| O meu chefe envolve-me no planeamento dos programas de formação para o desenvolvimento da minha carreira, para me ajudar a desempenhar as minhas funções de forma mais eficiente | Não | 12 | 74 | 19 | 27 | 8 | 140 |
| | % | 8 | 47 | 14 | 17 | 5 | |
| A minha organização incentiva-me a procurar oportunidades de desenvolvimento profissional | Não | 5 | 69 | 22 | 31 | 6 | 133 |
| | % | 3 | 44 | 17 | 20 | 4 | |
| O desempenho pode | Não | 29 | 87 | 35 | 6 | 1 | 157 |

| | | | | | | | |
|---|---|---|---|---|---|---|---|
| melhorar se o meu chefe ouvir as minhas preocupações | % | 18 | 55 | 22 | 4 | 1 | |
| O feedback sobre o desempenho pode ajudar-me a melhorar a qualidade do meu trabalho | Não | 54 | 89 | 14 | 0 | 0 | 157 |
| | % | 34 | 57 | 9 | 0 | 0 | |
| Um trabalho desafiante pode motivar-me se o meu chefe me der o apoio necessário | Não | 68 | 80 | 9 | 0 | 0 | 157 |
| | % | 43 | 51 | 6 | 0 | 0 | |
| A participação na tomada de decisões no meu serviço pode motivar-me a mim e aos meus colegas | Não | 67 | 72 | 14 | 4 | 0 | 157 |
| | % | 43 | 46 | 9 | 3 | 0 | |

(Fonte: Inquérito de campo)

A segurança no emprego foi considerada uma das principais preocupações da maioria dos inquiridos. As respostas à afirmação "Sinto-me seguro no meu emprego atual" são apresentadas na Figura 4.13 abaixo. Como mostra a figura, enquanto 25 inquiridos, representando 16%, e 75 inquiridos, representando 48%, concordaram e concordaram fortemente, respetivamente, que se sentem seguros no seu emprego atual, 10% e 1% discordaram e discordaram fortemente, respetivamente, que se sentem seguros. O entrevistado 5 captou a essência da segurança no emprego de forma sucinta quando referiu que "As minhas experiências [como gestor] abrangem diferentes países e, com base nas diferentes culturas desses países, as expectativas dos trabalhadores são diferentes. Mas o que interessa é que todos os trabalhadores querem ter segurança no emprego. Como gestor, assegurei-me de que os meus empregados sentissem que faziam parte da equipa. O espírito de equipa vai promover ou demonstrar algum cuidado de uns para com os outros, o que faz com que os empregados se sintam seguros e protegidos" (Entrevistado 5).

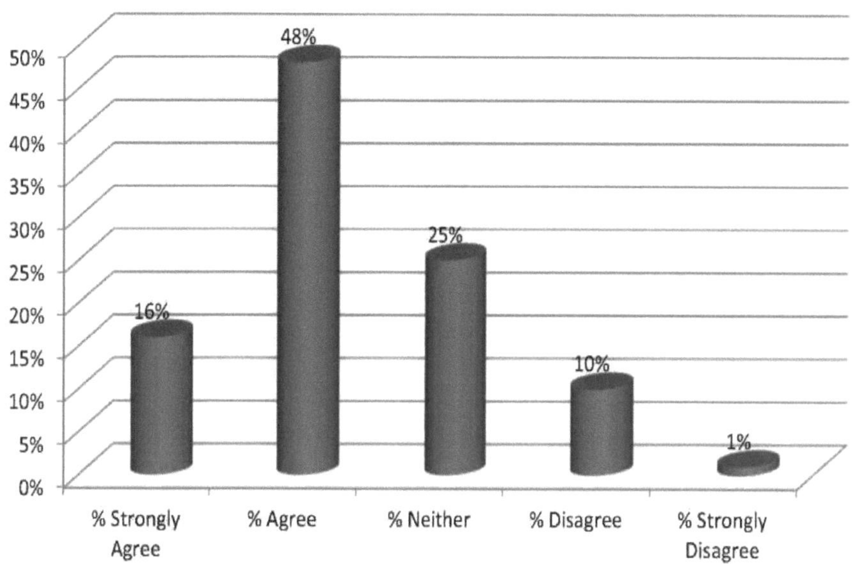


(Fonte: Inquérito de campo)

**Figura 4.13 Impacto geral da segurança no emprego na motivação e no desempenho**

Observou-se que a maioria dos inquiridos que concordaram fortemente e concordaram que se sentem seguros nos seus empregos actuais eram os inquiridos com mais de 45 anos de idade. Verificou-se que 71% dos inquiridos com mais de 45 anos de idade se sentem seguros (Figura 4.14). Isto pode estar relacionado com o facto de as pessoas com mais de 45 anos terem um número significativo de anos de experiência e se terem tornado activos indispensáveis para as suas organizações. Estas conclusões tendem a validar o ponto de vista de Palmer (1989). Na sua análise dos factores que motivam os trabalhadores nigerianos em duas grandes organizações públicas da Nigéria, Palmer observou que os trabalhadores mais jovens tendem a estar mais preocupados com a segurança do emprego do que os seus homólogos do quadro superior. A insegurança pode ter sido agravada pela atual crise económica que a Nigéria enfrenta em resultado da queda dos preços do petróleo bruto nos mercados internacionais, uma vez que a economia depende quase inteiramente das vendas de petróleo bruto. No último ano, mais ou menos, um número significativo de empregados da Black Gold Petroleum perdeu os seus empregos, uma vez que a organização se esforça por manter os custos baixos para se manter à tona.

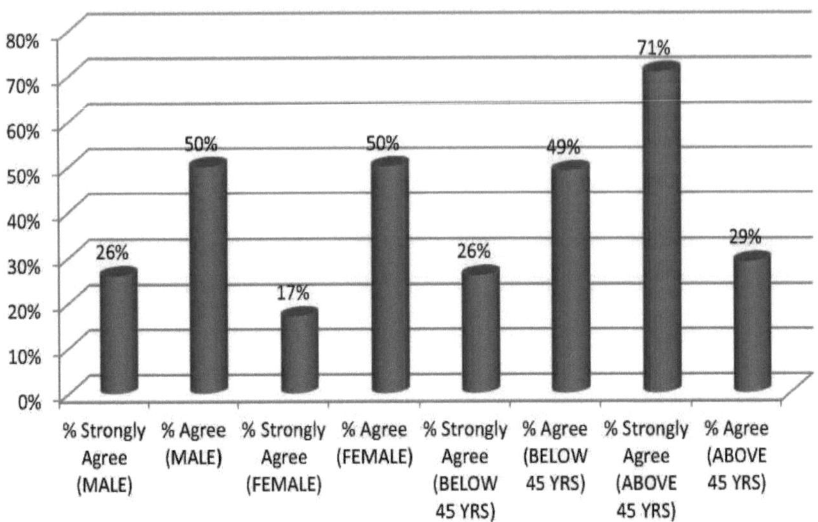


(Fonte: Inquérito de campo)

**Figura 4.14 Impacto da segurança no emprego na motivação e no desempenho**

Na organização inquirida, verificou-se que as oportunidades de promoção, embora não surjam regularmente, também se encontram distribuídas de forma desigual. As respostas à afirmação "As promoções estão distribuídas de forma homogénea na minha organização" são as apresentadas na Figura 4.15. Como se pode ver na figura, apenas 11% dos inquiridos concordam que as oportunidades de promoção estão distribuídas de forma equilibrada na sua organização, nenhum dos inquiridos concorda totalmente e 39% e 17%, respetivamente, discordam e discordam totalmente. Por muito chocante que isto possa parecer, é possível que não seja alheio ao facto de o favoritismo, o nepotismo e o tribalismo continuarem a desempenhar papéis proeminentes na maioria das organizações na Nigéria. Um dos inquiridos comentou que "eu acreditava que a promoção devia ser uma recompensa pelo bom desempenho e que os anos de experiência relevante deviam ser tidos em conta para determinar quem devia ser promovido, mas não é esse o caso aqui" (Comentário de campo). O efeito desta situação na motivação e no desempenho dos trabalhadores é grave devido ao sentimento de desigualdade. Tal como referido anteriormente, os sentimentos de desigualdade dos trabalhadores geram desconforto psicológico no local de trabalho, o que resulta em desmotivação e baixo desempenho (Stecher & Rosse, 2007; Clark et al, 2010).

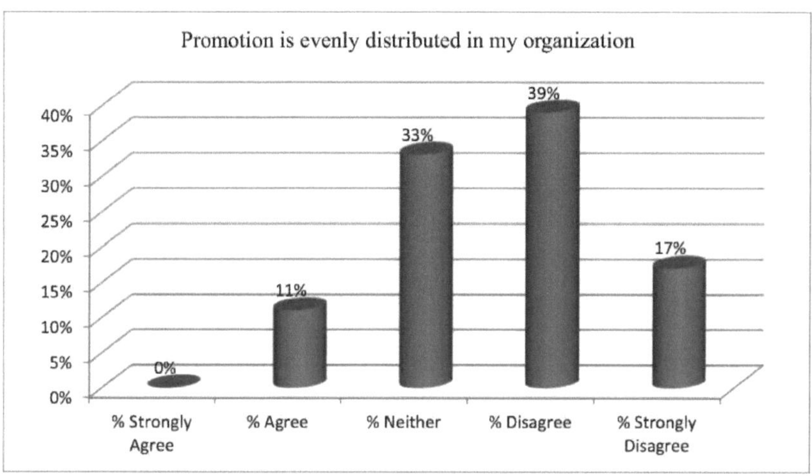


(Fonte: Inquérito de campo)

**Figura 4.15Efeitos da distribuição das oportunidades de promoção**

Verificou-se também que a comunicação do desempenho profissional pelos gestores aos trabalhadores pode influenciar positivamente o desempenho dos trabalhadores. Enquanto 26% e 57% de todos os inquiridos, tanto homens como mulheres, e independentemente da idade, concordaram e concordaram fortemente, respetivamente, com a afirmação "A comunicação frequente do meu desempenho profissional pelo meu chefe ajuda-me a fazer o meu trabalho de forma mais eficiente", apenas 4% discordaram. Este facto sublinha a necessidade de uma comunicação frequente, mas amigável, do desempenho dos trabalhadores por parte do superior hierárquico. O resultado é apresentado na Figura 4.16.

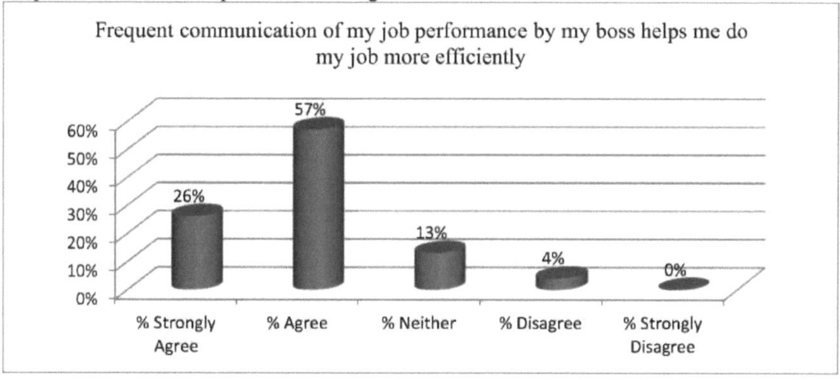


(Fonte: Inquérito de campo)

**Figura 4.16 Efeito da comunicação frequente no desempenho profissional**

Num desenvolvimento relacionado, verificou-se que o desempenho dos trabalhadores é grandemente afetado por um feedback de desempenho adequado. O sistema de feedback do desempenho é o meio através do qual o desempenho dos trabalhadores é comunicado. As respostas à afirmação "O feedback do desempenho pode ajudar-me a melhorar a qualidade do meu trabalho" são apresentadas na Figura 4.17. Verificou-se que 34% e 57%, respetivamente, concordaram e concordaram fortemente que a qualidade do seu trabalho poderia melhorar se os seus chefes lhes dessem um feedback adequado sobre o seu desempenho. Nenhum dos inquiridos discordou ou discordou fortemente.

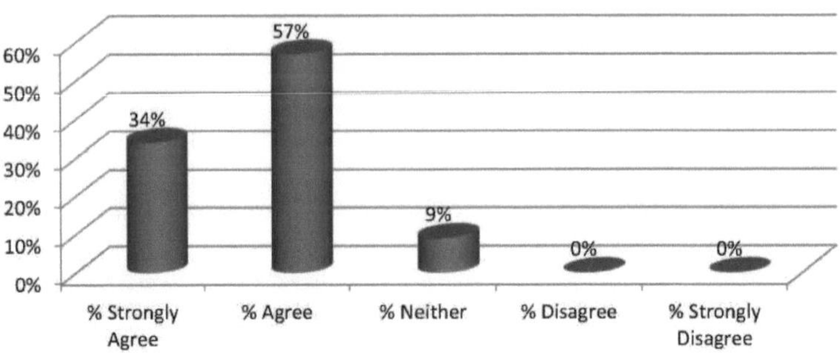


(Fonte: Inquérito de campo)

**Figura 4.17 Impacto da informação sobre o desempenho no desempenho dos trabalhadores**

No entanto, observou-se que a organização inquirida apenas dá informação sobre o desempenho durante o período de avaliação anual ou semestral. Este facto contraria o conselho de Lawler (2003), segundo o qual o coaching, o feedback e as discussões contínuas devem fazer parte integrante do sistema de gestão do desempenho. Além disso, os cinco gestores entrevistados concordaram que o feedback sobre o desempenho deve ser contínuo para atingir o seu objetivo, que é melhorar o desempenho dos trabalhadores. O entrevistado 3 referiu que "o feedback sobre o desempenho deve ser contínuo; equivale a uma má supervisão permitir que os trabalhadores continuem sem uma intervenção regular por parte daqueles que não estão a corresponder às expectativas e, além disso, uma palmadinha nas costas para os que têm um bom desempenho contribuirá muito para melhorar o desempenho da equipa, bem como o desempenho da organização" (Entrevistado 3). Este facto valida Lawler (2003), Armstrong (2012), Latham et al (2005) e Azzone & Palermo (2011).

Da mesma forma, verificou-se que o desempenho dos trabalhadores poderia melhorar se os seus chefes ouvissem as suas preocupações. Como mostra a Figura 4.18, 18% e 55%, respetivamente, de todos os inquiridos concordaram fortemente e concordaram que o seu desempenho poderia melhorar se os seus chefes ouvissem as suas preocupações. Este facto corrobora o ponto de vista expresso por Lawler (2003) de que as chefias devem utilizar discussões e feedback constantes sobre o desempenho e que, durante essas discussões, as preocupações dos trabalhadores devem ser tidas em conta para melhorar o seu desempenho. No entanto, apenas 4% e 1%, respetivamente, discordaram e discordaram fortemente de que isso não terá impacto nos seus desempenhos.

Performance might improve if my boss listens to my concerns

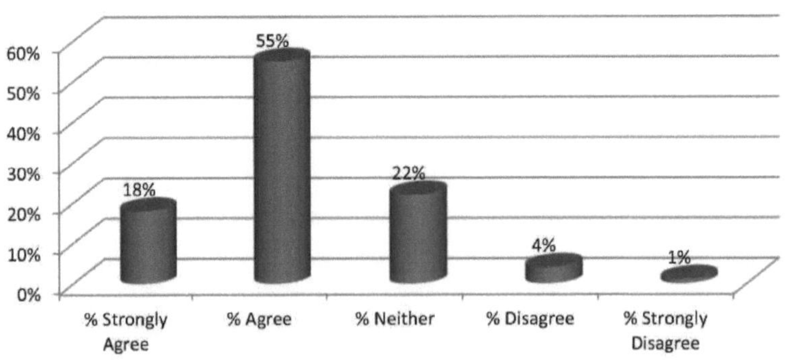

(Fonte: Inquérito de campo)
**Figura 4.18 Efeito de ouvir as preocupações dos trabalhadores no desempenho** Além disso, as tarefas dos trabalhadores devem ser concebidas de forma a serem desafiantes e interessantes, uma vez que o trabalho desafiante foi considerado uma grande motivação para a maioria dos trabalhadores inquiridos. Como mostra a Figura 4.19, 43% e 51% dos inquiridos, homens e mulheres, respetivamente, concordaram e concordaram fortemente que um trabalho exigente pode motivá-los se receberem o apoio necessário dos seus chefes. Nenhum dos inquiridos discordou ou discordou fortemente, embora 6% tenham sido neutros. Este facto foi também referido por um dos gestores entrevistados. Ele referiu que ".... o que me influencia é ter um trabalho que seja interessante e desafiante, no qual me aplico para resolver problemas reais e técnicos pelos quais sou pago" (Entrevistado 2). Assim, a definição de objectivos como ferramenta de motivação deve ser utilizada para garantir que as tarefas dos trabalhadores são desafiantes e interessantes. Latham e Locke (1991) referiram que os trabalhadores se esforçam por atingir objectivos significativos, específicos, estimulantes e interessantes, mas advertiram que esses objectivos devem ser realistas e aceitáveis para o trabalhador.

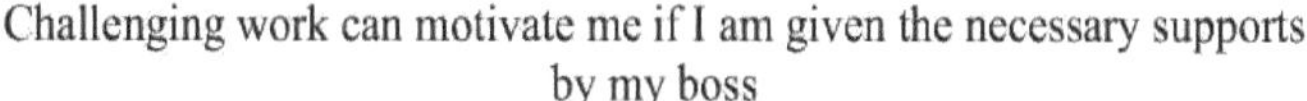


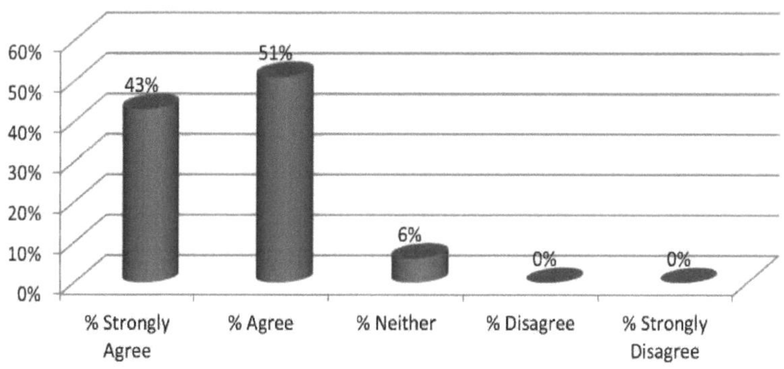


(Fonte: Inquérito de campo)
**Figura 4.19 Efeito do trabalho estimulante na motivação dos trabalhadores**
A participação na tomada de decisões também tem um forte efeito na motivação e no desempenho dos trabalhadores. A Figura 4.20 mostra que 43% e 46%, respetivamente, de todos os inquiridos concordaram fortemente e concordaram que se sentirão motivados se lhes for permitido participar nos processos de tomada de decisão no seu departamento ou organização. Isto está de acordo com Ladd e Marshall (2004), citados em Irawanto (2015), que referem que a participação dos trabalhadores nos processos de tomada de decisão das suas organizações tem um impacto positivo na sua satisfação no trabalho e no seu empenhamento nas organizações. Apenas 3% discordaram que a participação na tomada de decisões não tem qualquer efeito na sua motivação. Permitir que os trabalhadores tenham uma palavra a dizer sobre a forma como as suas organizações são governadas é o que Irawanto (2015) designou por "democratização do comportamento organizacional".

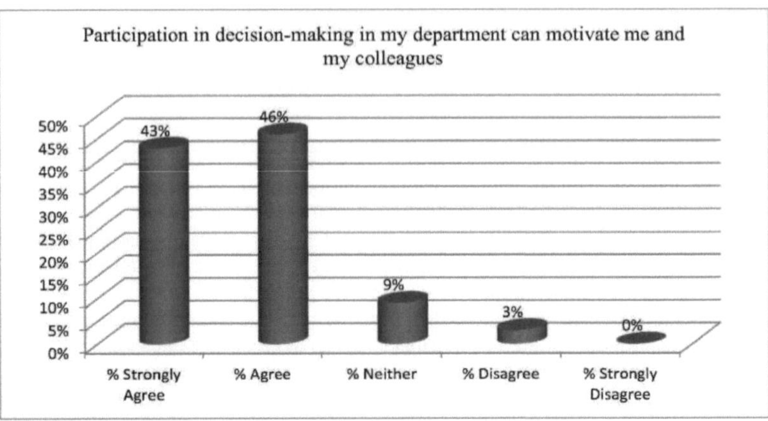


(Fonte: Inquérito de campo)

**Figura 4.20 Efeito da participação no processo de tomada de decisão**

### 4.3.4 Análise dos dados relativos às recompensas psicológicas obtidos no inquérito de campo

Quadro 4. 4Respostas gerais ao questionário sobre recompensas psicológicas

| DECLARAÇÕES | | Concordo totalmente | De acordo | Nenhum dos dois | Não concordo | Fortemente Não concordo | Contagem |
|---|---|---|---|---|---|---|---|
| Gosto de ir para o trabalho todas as manhãs e de desempenhar as minhas funções da melhor forma possível | Não | 60 | 89 | 2 | 1 | 2 | 154 |
| | % | 38 | 57 | 1 | 1 | 1 | |
| A atitude do meu atual chefe em relação a mim é positiva e agradável | Não | 46 | 83 | 16 | 4 | 2 | 151 |
| | % | 29 | 53 | 11 | 3 | 1 | |
| Sou aplaudido pelo meu chefe quando tenho um bom desempenho no meu trabalho | Não | 28 | 102 | 24 | 1 | 2 | 157 |
| | % | 18 | 65 | 15 | 1 | 1 | |
| Sou autorizado a usar de discrição no exercício das minhas funções | Não | 18 | 95 | 27 | 12 | 2 | 157 |
| | % | 11 | 61 | 17 | 10 | 1 | |
| Sinto-me satisfeito a nível | Não | 73 | 73 | 9 | 1 | 1 | 157 |

| | | | | | | | |
|---|---|---|---|---|---|---|---|
| interno quando sou bem sucedido na realização de tarefas difíceis dentro do prazo e do orçamento | % | 46 | 46 | 6 | 1 | 1 | |
| Recebo um reconhecimento suficiente e adequado do meu desempenho no local de trabalho | Não | 9 | 80 | 22 | 11 | 3 | 125 |
| | % | 6 | 51 | 18 | 7 | 2 | |
| Tarefas desafiantes motivam-me | Não | 65 | 87 | 5 | 0 | 0 | 157 |
| | % | 41 | 55 | 3 | 0 | 0 | |
| Tenho prazer em aprender coisas novas | Não | 91 | 64 | 2 | 0 | 0 | 157 |
| | % | 58 | 41 | 1 | 0 | 0 | |
| A atitude do meu chefe em relação a mim e aos meus colegas pode afetar positiva ou negativamente o meu desempenho | Não | 73 | 67 | 15 | 1 | 1 | 157 |
| | % | 46 | 43 | 10 | 1 | 1 | |
| É necessário um ambiente de trabalho propício para melhorar o desempenho | Não | 94 | 62 | 0 | 0 | 1 | 157 |
| | % | 60 | 39 | 0 | 0 | 1 | |
| As minhas iniciativas são bem acolhidas quando há problemas a resolver | Não | 26 | 93 | 16 | 4 | 3 | 142 |
| | % | 17 | 59 | 11 | 3 | 2 | |
| Um tratamento justo por parte do meu chefe encorajar-me-á a ter um melhor desempenho | Não | 64 | 84 | 8 | 0 | 1 | 157 |
| | % | 41 | 54 | 5 | 0 | 1 | |
| Tenho boas perspectivas de | Não | 39 | 60 | 20 | 5 | 4 | 128 |

| | | | | | | | |
|---|---|---|---|---|---|---|---|
| promoção | % | 25 | 38 | 16 | 3 | 3 | |
| Espero uma mudança indesejável na minha situação profissional | Não | 10 | 42 | 32 | 24 | 12 | 120 |
| | | 6 | 27 | 27 | 15 | 8 | |
| Considero que a minha posição atual reflecte adequadamente as minhas habilitações literárias e experiência | Não | 17 | 67 | 33 | 33 | 7 | 157 |
| | % | 11 | 43 | 21 | 21 | 4 | |
| Tenho o respeito do meu chefe e dos meus colegas | Não | 27 | 110 | 8 | 2 | 1 | 148 |
| | % | 17 | 70 | 5 | 1 | 1 | |

(Fonte: Inquérito de campo)

A utilização de recompensas psicológicas é há muito reconhecida como um meio eficaz de motivar os trabalhadores. Por exemplo, a utilização de palavras de louvor ou o que é descrito como uma "palmadinha nas costas" para os trabalhadores que se destacaram foi considerada muito eficaz para a motivação e o desempenho dos trabalhadores. Relativamente à afirmação "Sou aplaudido pelo meu chefe quando tenho um bom desempenho no meu trabalho" (Figura 4.21), 18% e 65%, respetivamente, concordaram e concordaram fortemente que a utilização de tais técnicas pelos seus superiores aumentaria muito a sua motivação. Apenas 1% discordou e discordou fortemente. Estas palavras de louvor são uma expressão de apreço por um trabalho bem feito. Um dos inquiridos referiu que "ter um emprego em que as pessoas estão genuinamente satisfeitas com o trabalho que fazemos, agradecem um dia de trabalho difícil e apreciam o que fazemos por elas é, para mim, uma motivação melhor do que todo o dinheiro do mundo. Uma pessoa que se sente apreciada fará sempre mais do que aquilo que é esperado" (Comentário livre). Este resultado está de acordo com Nnaji-Ihedinmah e Egbunike (2015), que observaram que os gestores devem aprender a arte de utilizar palavras de agradecimento para motivar os seus empregados e que essas palavras de agradecimento são algumas das recompensas intangíveis que os empregados recebem pelo bom desempenho das suas tarefas.

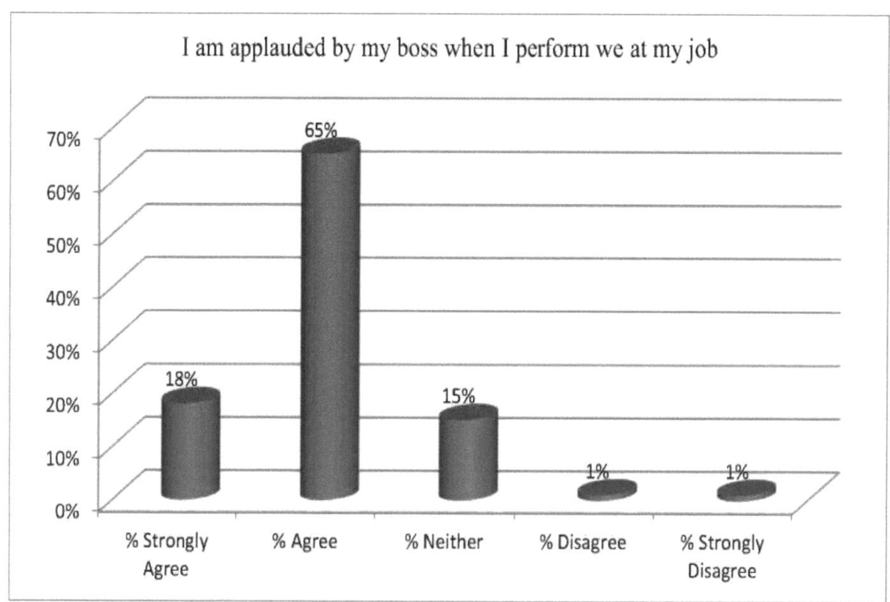


(Fonte: Inquérito de campo)

**Figura 4.21 Efeito do elogio no desempenho dos trabalhadores**

Observou-se que os sentimentos de realização que resultam de um trabalho ou de tarefas bem efectuadas têm efeitos sobre os trabalhadores. Dá ao trabalhador afetado alguns níveis de satisfação e um sentimento estimulante de realização. Assim, em relação à afirmação "Sinto-me satisfeito internamente quando sou bem sucedido na realização de tarefas difíceis dentro do prazo e do orçamento", 46% dos inquiridos concordaram e concordaram fortemente que isso aumenta a sua motivação. Apenas 1% discordou e discordou fortemente e 6% não discordou nem concordou, como mostra a Figura 4.22. Este facto está de acordo com Nnaji-Ihedinmah e Egbunike (2015).

I am satisfied internally when I am successful at performing difficult tasks within deadline and budget

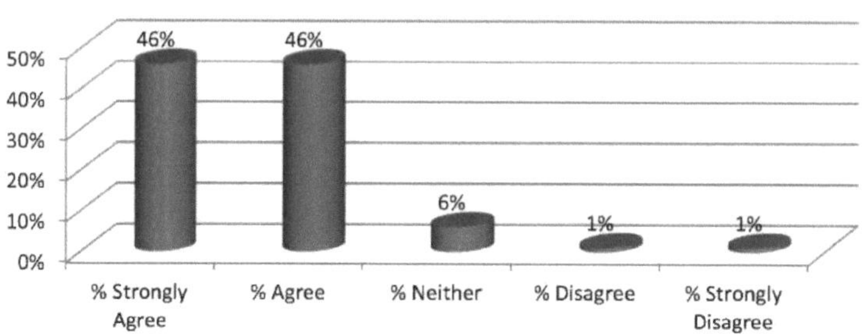


(Fonte: Inquérito de campo)

**Figura 4.22 Efeito das tarefas bem sucedidas na motivação**

Além disso, a formação, que dá aos trabalhadores a oportunidade de aprenderem coisas novas e adquirirem um novo conjunto de competências para terem um bom desempenho no seu trabalho, foi considerada uma grande motivação para a maioria dos trabalhadores inquiridos. Como mostra a Figura 4.23, 58% e 41%, respetivamente, de todos os inquiridos concordaram e concordaram fortemente que aprender coisas novas é uma grande motivação. Embora 1% não tenha concordado nem discordado, nenhum dos inquiridos discordou ou discordou fortemente. Verificou-se que as tarefas desafiantes têm normalmente oportunidades para aprender coisas novas. Assim, para além da formação formal, os postos de trabalho devem ser organizados de forma a serem desafiantes mas interessantes, de modo a permitir uma grande aprendizagem durante o trabalho. Para o efeito, podem ser utilizadas ferramentas de definição de objectivos. Tahir et al (2014) estabeleceram uma forte relação entre a formação e o desenvolvimento e o desempenho e a produtividade dos trabalhadores. Estes investigadores observaram que a formação e o desenvolvimento são um aspeto importante da gestão dos recursos humanos e que os trabalhadores devem beneficiar de oportunidades de formação para melhorar as suas capacidades e competências, o que, por sua vez, melhora o desempenho organizacional.

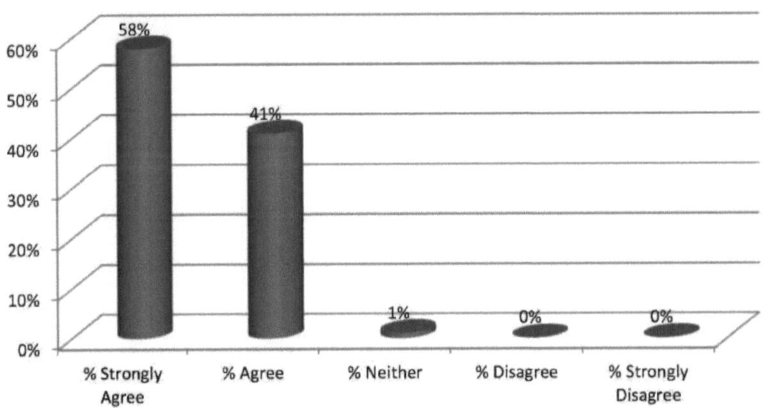


(Fonte: Inquérito de campo)

**Figura 4.23 Efeitos da aprendizagem dos trabalhadores na motivação**

Verificou-se também que a atitude dos superiores hierárquicos em relação aos subordinados afecta a motivação e o desempenho dos trabalhadores. Relativamente à afirmação "A atitude do meu chefe em relação a mim e aos meus colegas pode afetar positiva ou negativamente o meu desempenho", 46% e 43%, respetivamente, concordaram e concordaram fortemente que o seu desempenho pode ser afetado positiva ou negativamente pela atitude dos seus superiores em relação a eles, como mostra a Figura 4.24. Apenas 1% discordou e 10% dos inquiridos não tinham a certeza se a atitude dos superiores os influenciava ou não.

Além disso, os cinco gestores entrevistados estavam convencidos de que a atitude dos gestores afecta a motivação e o desempenho dos trabalhadores. O entrevistado 1 observou que "um bom gestor deve ser humilde sem perder a guarda. A atitude de um gestor em relação aos seus subordinados tem um impacto positivo ou negativo.... Se um gestor for aberto aos seus empregados, estes cooperarão e trabalharão bem com o gestor. Assim, a abertura e o respeito mútuo entre gestores e trabalhadores ajudam a criar um ambiente propício ao crescimento e ao sucesso. A atitude dos gestores em relação aos seus empregados é fundamental para o sucesso organizacional" (Entrevistado 1). Isto valida Latham & Pinder (2004), Awan & Tahir (2015). Além disso, Celik (2013) estabeleceu uma relação significativa entre as atitudes e os comportamentos dos gestores e a satisfação e motivação dos trabalhadores no trabalho.

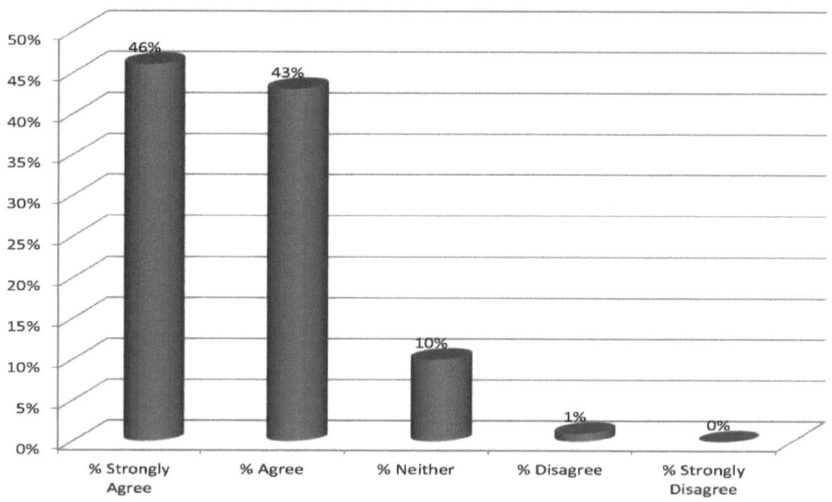


(Fonte: Inquérito de campo)

**Figura 4.24 Efeitos da atitude do chefe no desempenho dos trabalhadores**

Um dos princípios do sistema de gestão científica da Tailor era garantir que o ambiente de trabalho onde os trabalhadores desempenham as suas funções fosse propício e seguro. No presente inquérito, verificou-se que este aspeto continua a desempenhar um papel importante na motivação e no desempenho dos trabalhadores. Como mostra a Figura 4.25, 60% e 39%, respetivamente, concordaram e concordaram fortemente com a afirmação de que "Um ambiente de trabalho propício é necessário para um melhor desempenho". Apenas 1% dos inquiridos discordou fortemente de que o ambiente de trabalho desempenhava um papel importante no seu desempenho. Trata-se de uma resposta esmagadora e a preferência por um ambiente de trabalho muito favorável é transversal a todos os estratos de inquiridos. Este resultado valida Awan e Tahir (2015), que referiram que o desempenho dos trabalhadores pode ser muito melhorado se o ambiente de trabalho for propício. Segundo estes autores, o ambiente de trabalho consiste em "... sistemas, processos, estruturas e ferramentas e todas as coisas que interagem com os trabalhadores..." no decurso do seu trabalho.

As organizações devem assegurar que estas sejam propícias para que os empregados desfrutem de alguns níveis de conforto que melhorem o seu desempenho.

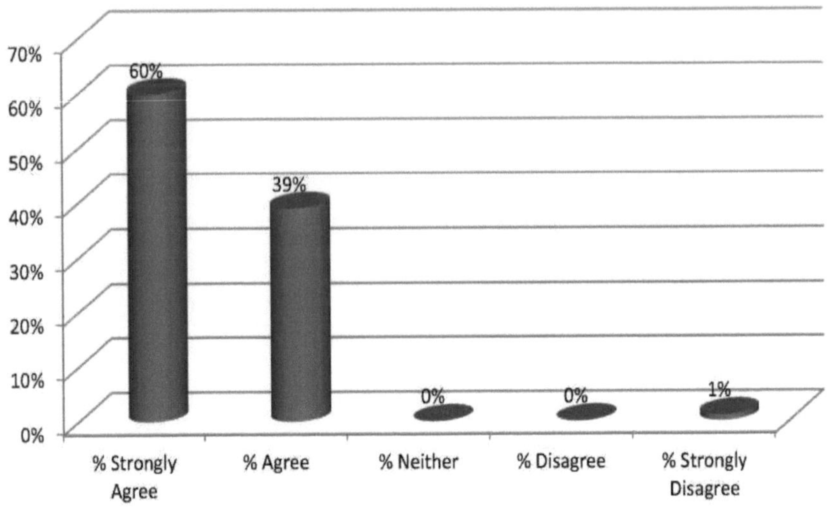


(Fonte: Inquérito de campo)

**Figura 4.25 Efeitos do ambiente de trabalho favorável no desempenho dos trabalhadores**

# DEBATE E CONCLUSÕES

**Resumo**

O trabalho de investigação confirmou que as recompensas, em todas as suas ramificações, afectam a motivação e o desempenho dos trabalhadores. Os cinco gestores entrevistados concordaram que existe uma forte relação entre as recompensas e a motivação e o desempenho dos trabalhadores. O entrevistado 2 observou que "... se quiser que os seus empregados tenham um desempenho acima da média, basta motivá-los adequadamente". O efeito positivo de recompensas financeiras proporcionais para os bons esforços investidos no local de trabalho foi transversal a todos os estratos de inquiridos, uma vez que 74% dos homens, 78% das mulheres, 79% dos inquiridos com menos de 45 anos e 82% dos inquiridos com mais de 45 anos concordaram fortemente que os bons esforços devem ser adequadamente recompensados financeiramente (Figura 4.4). Nenhum destes grupos discordou fortemente da afirmação.

Como mostra a Figura 5.1, numa base agregada, 39% dos inquiridos concordaram fortemente, 44% concordaram, 7% discordaram e apenas 1% discordou fortemente que as recompensas financeiras são uma boa motivação para melhorar o desempenho. No entanto, os cinco gestores entrevistados insistiram que as recompensas financeiras, por si só, não sustentam a motivação dos trabalhadores, porque a satisfação que advém do facto de se ganhar mais dinheiro é de curta duração. Propuseram a aplicação efectiva de recompensas financeiras em conjunto com outras formas de recompensa. Assim, a conceção de uma combinação de recompensas que combine elementos de recompensas financeiras, não financeiras e psicológicas, adequada a todos os estratos de trabalhadores, será benéfica para a organização, na medida em que permitirá gerar uma motivação contínua e melhorar o desempenho dos trabalhadores.

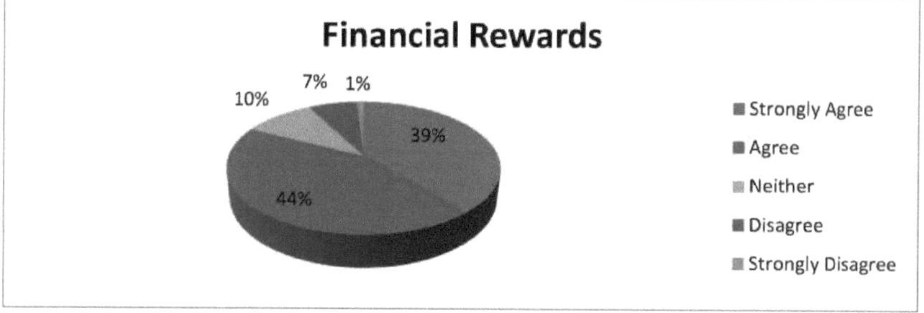


(Fonte: Inquérito de campo)

**Figura 5.1 Resposta total às várias formas de recompensas financeiras** No entanto, a afirmação de que os trabalhadores mais jovens estão mais predispostos para as recompensas financeiras não foi validada no que diz respeito a esta investigação, provavelmente porque a Nigéria, sendo um país do terceiro mundo, expõe os trabalhadores a um nível severo de dificuldades, uma vez que os trabalhadores têm de se sustentar a si próprios, aos seus filhos e aos membros da sua família alargada. Assim, factores contextuais como os laços e a dimensão da família, a economia nacional, a prevalência da pobreza, etc., devem ser tidos em conta na análise de conceitos como recompensas, motivação e desempenho.

Verificou-se que os representantes dos trabalhadores, através do seu sindicato, desempenham um papel importante na determinação da remuneração dos trabalhadores e tendem a dar aos trabalhadores alguns níveis de confiança de que o seu bem-estar será tratado de forma competitiva e justa se os seus representantes forem consultados no processo que conduz à sua determinação. Os resultados mostraram que 46% e 38%, respetivamente, concordaram e concordaram fortemente que os representantes dos trabalhadores, através do seu sindicato, devem ser consultados quando as questões de bem-estar dos trabalhadores são determinadas. Do mesmo modo, 62% dos inquiridos do sexo masculino, 50% do sexo feminino, 57% dos inquiridos com menos de 45 anos e 71% dos inquiridos com mais de 45 anos, respetivamente, concordaram fortemente que a equidade e a justiça são necessárias no que diz respeito à determinação da remuneração dos trabalhadores. Os cinco gestores entrevistados foram unânimes em concordar que a harmonia industrial poderia ser melhorada através de uma comunicação efectiva entre a gestão e os trabalhadores através dos representantes sindicais dos trabalhadores.

Num desenvolvimento relacionado, a utilização de recompensas não financeiras, como a promoção, a formação, o feedback do desempenho, o trabalho desafiante através da definição de objectivos e da participação no processo de tomada de decisões, etc., foi considerada muito eficaz para motivar os trabalhadores a melhorarem o seu desempenho, com base na análise das respostas aos dados obtidos no inquérito no terreno. Como mostra a Figura 5.2, 19% e 46%, respetivamente, concordaram e concordaram fortemente que a utilização de recompensas não financeiras é uma forte motivação que melhora o seu desempenho.

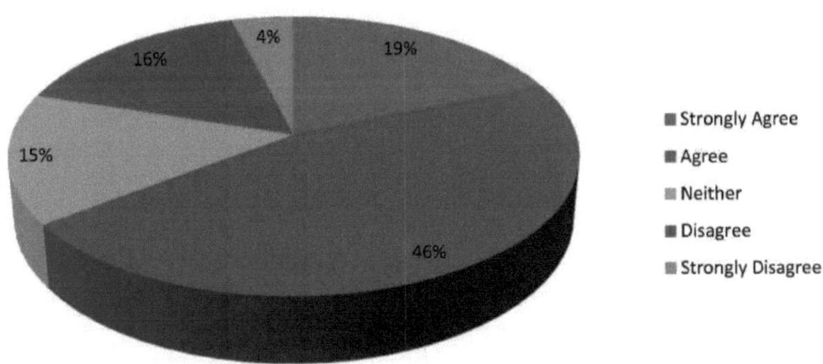


(Fonte: Inquérito de campo)

**Figura 5.2 Resposta total às várias formas de recompensas não financeiras**

No entanto, de todas as afirmações relativas a recompensas não financeiras analisadas, verificou-se que a utilização de feedback sobre o desempenho, o trabalho exigente e a participação nos processos de tomada de decisão têm efeitos notáveis na motivação e no desempenho dos trabalhadores. Por exemplo, verificou-se que 34% e 57%, respetivamente, concordaram e concordaram fortemente que a qualidade do seu trabalho poderia melhorar se os seus chefes lhes dessem um feedback adequado sobre o seu desempenho (Figura 4.17). Também a Figura 4.19 mostra que, de todos os inquiridos, tanto homens como mulheres, 43% e 51%, respetivamente, concordaram e concordaram fortemente que um trabalho desafiante pode motivá-los se receberem o apoio necessário dos seus chefes. Mais uma vez, a Figura 4.20 mostrou que 43% e 46%, respetivamente, de todos os inquiridos concordaram e concordaram fortemente que serão motivados se lhes for permitido participar nos processos de tomada de decisão no seu departamento ou organização. Apenas 3% discordaram do facto de a participação no processo de tomada de decisões não ter qualquer efeito na sua motivação.

Por último, a utilização de recompensas psicológicas, nas suas várias formas, foi considerada um meio eficaz de pôr em perigo a motivação e o desempenho dos trabalhadores. Como se pode ver na Figura 5.3, 29% e 50% dos inquiridos concordaram e concordaram fortemente que a utilização de recompensas psicológicas, tais como um ambiente de trabalho favorável, palavras de apreço e elogio, "uma palmadinha nas costas", respeito, etc., são meios eficazes para aumentar a motivação e o desempenho dos trabalhadores.

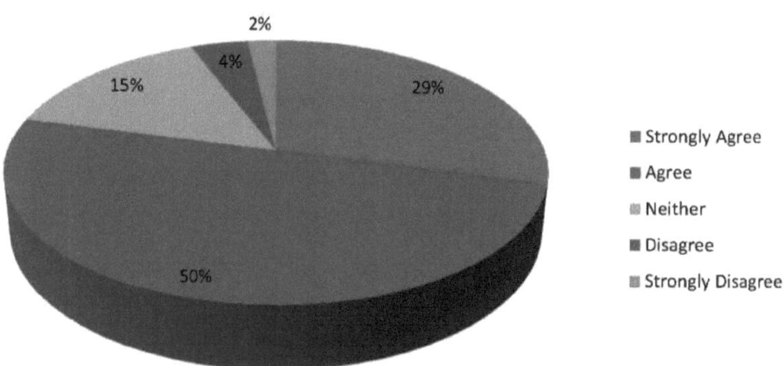


(Fonte: Inquérito de campo)

**Figura 5.3 Resposta total às diferentes formas de recompensa psicológica**

A eficácia da utilização de recompensas psicológicas ou não financeiras para estimular a motivação e o desempenho dos trabalhadores foi bem captada por um inquirido que comentou livremente que "ter um emprego em que as pessoas estão genuinamente satisfeitas com o trabalho que fazemos, agradecem um dia de trabalho difícil e apreciam o que fazemos por elas é, para mim, uma motivação melhor do que todo o dinheiro do mundo. Uma pessoa que se sente apreciada fará sempre mais do que aquilo que é esperado". Esta citação capta toda a essência do trabalho de investigação e sublinha o facto de as recompensas - financeiras, não financeiras ou psicológicas - desempenharem um papel fundamental no bem-estar, estilo de vida e autoestima dos trabalhadores e, por extensão, na sua motivação e desempenho.

**Implicações teóricas e contribuição para o conhecimento**

Os resultados deste trabalho de investigação contribuíram significativamente para o conjunto de conhecimentos sobre as recompensas, a motivação e o desempenho dos trabalhadores. Algumas das principais conclusões deste estudo são aqui destacadas. Em primeiro lugar, este estudo salientou o facto de que, embora seja bom atirar dinheiro para cima dos trabalhadores através de diversos bónus e subsídios para os motivar, alertou para o facto de que a satisfação que advém de ter mais dinheiro é de curta duração. Assim, a motivação e o desempenho duradouros só surgem quando as recompensas financeiras, não financeiras e psicológicas são misturadas na proporção certa e aplicadas corretamente. Por conseguinte, cabe à gestão das organizações conceber uma combinação de recompensas capaz de manter a motivação e o desempenho dos trabalhadores. Estas conclusões ajudarão a compreender a utilização de diferentes combinações de recompensas para motivar os diferentes trabalhadores.

Em segundo lugar, uma relação harmoniosa entre a direção e os trabalhadores assenta numa comunicação eficaz entre a direção das organizações e os trabalhadores através dos seus representantes sindicais, especialmente na determinação do bem-estar dos trabalhadores e dos pacotes de recompensas. Uma comunicação mal gerida é uma receita para a desarmonia industrial que afecta negativamente a motivação e o desempenho dos trabalhadores.

Em terceiro lugar, a utilização de recompensas não financeiras, tais como um ambiente de trabalho propício, formação, promoção, feedback sobre o desempenho, trabalho estimulante através da definição de objectivos e da participação no processo de tomada de decisões, etc., foi considerada muito eficaz para motivar os trabalhadores a melhorarem o seu desempenho. Além disso, na ausência de bónus e subsídios financeiros, a utilização de recompensas como cartões de oferta, t-shirts, prémios de empregado do mês, etc., foi considerada uma grande motivação para os

trabalhadores inquiridos. Este ponto é muito importante à luz da recessão que a indústria do petróleo e do gás atravessa atualmente, devido à queda dos preços do petróleo no mercado internacional.
Mais uma vez, a afirmação de que os trabalhadores mais jovens estão mais dispostos a receber recompensas financeiras não foi validada no que diz respeito a esta investigação, provavelmente porque a Nigéria, sendo um país do terceiro mundo, expõe os trabalhadores de todas as faixas etárias e de todos os sexos a um nível severo de dificuldades, uma vez que os trabalhadores têm de cuidar de si próprios, dos seus filhos e pupilos, e dos membros da sua família alargada e das comunidades. Assim, factores contextuais como os laços familiares e a dimensão da família, a economia nacional, a prevalência da pobreza, etc., devem ser tidos em conta na análise de conceitos como recompensas, motivação e desempenho, uma vez que não existe um modelo único para todos no que diz respeito a este assunto.
Assim, as organizações multinacionais devem ter cuidado com a importação de ideias e conceitos ocidentais para as economias em desenvolvimento, como a Nigéria, na esperança de que, uma vez que esses conceitos tiveram êxito na Europa e na América, terão êxito em África.

**Implicações práticas / Recomendações**

Tendo em conta a crise financeira global provocada pela queda dos preços do petróleo nos mercados internacionais, as organizações do sector do petróleo e do gás devem utilizar recompensas como cartões de oferta, t-shirts, prémios para o empregado do mês, ambiente de trabalho favorável, feedback sobre o desempenho, trabalho desafiante, etc., que são relativamente baratos de administrar, para motivar os seus empregados e melhorar o seu desempenho.
Além disso, recomenda-se que a gestão das organizações do sector do petróleo e do gás conceba uma combinação de recompensas que combine elementos de recompensas financeiras, não financeiras e psicológicas, capaz de sustentar a motivação e o desempenho dos trabalhadores.

**Limitações do estudo e investigação futura**

A fim de complementar os pontos fracos dos métodos de recolha de dados qualitativos ou quantitativos, foi utilizado um método misto neste estudo. Embora só tenham sido entrevistados cinco gestores, a quantidade de dados obtidos através dos questionários auto-preenchidos foi suficiente para excluir quaisquer limitações importantes. As entrevistas foram utilizadas para confirmar e validar os temas e padrões emergentes dos questionários auto-preenchidos.
No entanto, uma limitação do estudo que pode impedir a generalização global das conclusões deste estudo de investigação decorre do facto de o estudo ter sido realizado numa única organização de petróleo e gás na Nigéria. O sector do petróleo e do gás da economia nigeriana é apenas um dos sectores e as recompensas que se podem obter no sector do petróleo e do gás são bastante diferentes das que se obtêm nos sectores bancário, industrial, da construção e outros. Além disso, a forma como os trabalhadores são influenciados por vários elementos das recompensas na Nigéria, uma nação do terceiro mundo, pode ser diferente da forma como os trabalhadores reagem às recompensas noutras partes do mundo, em especial nas economias desenvolvidas. Para contrariar esta limitação, foi realizado um estudo aprofundado e elaborado da literatura na área das recompensas, da motivação e do desempenho.
Tendo em conta a forma como os factores contextuais, como os laços e a dimensão da família, a economia nacional, a prevalência da pobreza, etc., afectam a perceção que os trabalhadores têm das suas recompensas, os estudos futuros devem visar uma análise comparativa da forma como os trabalhadores do mundo ocidental, asiáticos e africanos são influenciados pelas recompensas e como isso afecta a sua motivação e desempenho.

**Reflexões**

Este estudo cumpriu os objectivos que se propunha alcançar, uma vez que estabeleceu uma relação positiva entre as recompensas dos trabalhadores e a sua motivação e desempenho. Obteve-se uma grande compreensão sobre a forma como os empregadores podem utilizar vários elementos de recompensa para influenciar o comportamento dos trabalhadores, a fim de melhorar o seu desempenho. A recolha de dados foi efectuada através de metodologias qualitativas e quantitativas, envolvendo a utilização de entrevistas e questionários auto-preenchidos. No entanto, conseguir que os gestores, cujos horários são normalmente muito apertados, se sentassem durante 20 a 30 minutos para uma entrevista foi um grande desafio. Este obstáculo foi ultrapassado porque alguns dos gestores concordaram em ser entrevistados num sábado. Além disso, alguns dos gestores tinham o telefone a tocar de vez em quando, o que constituía uma distração durante as entrevistas. De vez em quando, outros empregados entravam no gabinete do diretor durante a entrevista devido a questões oficiais. Quando isso acontecia, era dado ao diretor em questão o tempo necessário para tratar da sua tarefa oficial e a entrevista continuava depois disso - embora na maioria das vezes a última pergunta feita antes da interrupção fosse repetida para refrescar a sua memória e permitir que ele retomasse o ponto em que tínhamos ficado.

Outro desafio foi o facto de a bateria do gravador ter descarregado durante uma das sessões de entrevista. A entrevista teve de ser reagendada para dar tempo suficiente para carregar a bateria do gravador. Quando a entrevista foi retomada, tivemos de começar tudo de novo para estabelecer um fluxo sequencial da conversa. Além disso, a transcrição das entrevistas constituiu um grande desafio, uma vez que o entrevistador teve de ouvir repetidamente os clips e tentou escrever textualmente o que os entrevistados disseram. Além disso, tentar dar sentido às conjecturas e aos gestos não ditos dos entrevistados não foi uma tarefa fácil. No final da transcrição das entrevistas, foram disponibilizadas cópias aos entrevistados para validação, a fim de garantir que os seus pensamentos e palavras tinham sido corretamente captados. No entanto, um dos entrevistados estava de férias durante um mês, o que provocou alguns atrasos. O guião acabou por ser validado após o seu regresso.

A administração dos questionários foi igualmente movimentada. O primeiro conjunto de questionários foi distribuído eletronicamente através de correio eletrónico que continha uma ligação para um sítio Web personalizado (http://dennisedogunleicester.co.uk/). Pediu-se aos inquiridos que clicassem na ligação e respondessem ao inquérito em linha. Foi enviado um total de 150 inquiridos por correio eletrónico, mas a taxa de resposta a este inquérito em linha foi muito lenta, uma vez que apenas sessenta e seis (66) dos 150 inquiridos responderam ao inquérito no prazo de dois meses, depois de terem sido enviadas várias mensagens de correio eletrónico a lembrar os inquiridos. A razão para esta baixa taxa de resposta pode ser atribuída a serviços de Internet muito lentos na Nigéria, uma vez que muitos inquiridos se queixaram de páginas congeladas quando tentaram responder ao inquérito.

# REFERÊNCIAS

Agarwal, N.C (1998) Reward Systems "Emerging Trade & Issues" *Canadian Psychology,* 39:1-2
Ajila, C & Abiola, A (2004) "Influência das Recompensas no Desempenho dos Trabalhadores numa
Organização" *Journal of Social Science* 8(1): 7-12
Al-Jammal, H.R & Al-Khasawneh, A.L (2012) "O impacto da avaliação do desempenho Method on Motivation of Administrators at Jordanian Public Universities" *Internacional Jornal de Investigação de Finanças e Economia,* Edição 97, setembro de 2012
Anyim, C.F; Elegbede, T; Gbajumo-Sheriff, M.A (2011) "Collective Bargaining Dynamics in the Nigerian Public and Private Sectors", *Australian Journal of Business and Management Research,* Vol. 1, No 5 (63-70) agosto de 2011
Armstrong, M (2012) *"Armstrong's Handbook of Reward Management Practice"* 4th Ed. Koganpage
Arvey, R.D & Mussio, S.J (1973) "A Test of Expectancy Theory in a Field Setting Using Female Clerical Employees" *Journal of Vocational Behaviour,* #3, 421 - 432
Awan, A. G & Tahir, M.T (2015) "Impacto do ambiente de trabalho na motivação dos trabalhadores
Productivity: A Case Study of Banks Insurance Companies in Pakistan" *European Journal of Negócios e Gestão,* Vol. 7, No.1 2015
Awolusi, O.D (2013) "Efeitos da motivação no empenhamento profissional dos trabalhadores na Nigéria
Sector bancário: An Empirical Analysis" *International Journal of Business & Innovation Investigação* Vol.1, No 3, pp 1-17, Set 2013
Aworemi, J.R; Abdul-Azeez, I.A & Durowoju, S.T (2011) "An Empirical Study of the Motivational Factors of Employees in Nigeria" (Factores motivacionais dos trabalhadores na Nigéria) *International Journal of Economics and*
*Finanças,* Vol 3, N.º 5, outubro de 2011
Azzone, G & Plaermo, T (2011) "Adopting Performance Appraisal & Reward Systems: A Qualitative Analysis of Public Sector Organisational Change" *Journal of Organisational Gestão da Mudança,* Vol. 24, N.º 1, 2011, pp 90-111
Baird, L.S & Hamner, W.C (1979) "Individual Versus Systems Rewards: Who's Dissatisfied, Why & What is their Likely Response?" *Academy of Management Journal,* Vol. 22, N0 4, 783-792
Barriball, K.L & While, A (1994) "Collecting Data Using a Semi-structured Interview: A Discussion Paper" *Journal of Advanced Nursing,* 1994, 19, 328 - 335
Braun, V & Clarke, V (2006) "Using Thematic Analysis in Psychology" *Qualitative Research in Psychology*, 3 (2) pp. 77 - 101
Bryman, A & Bell, E (2007) "*Business Research Methods*" 2nd Ed, Oxford University Press
Cameron, S & Price, D (2009) *"Business Research Methods: A Practical Approach",* 1st Ed, Chartered Institute of Personnel and Development, Londres
Celik, A (2013) "Um estudo sobre os efeitos dos comportamentos e atitudes dos gestores na satisfação no trabalho e na motivação dos trabalhadores da Direção de Serviços de Desporto e Juventude através dos olhos dos trabalhadores" *Educational Research and Reviews,* Vol. 8(9), pp 462 - 470, 10 de maio de 2013
Chen, C.X; Williamson, M.G & Zhou, F.H (2012) "Reward System Design and Group Creativity: An Experimental Investigation" *The Accounting Review* Vol. 87, No. 6, pp. 18851911, Nov 2012,
Chen, H & Hsieh, Y ( (2006) "Key Trends of the Total Reward System in the 21st Century" *Compensation & Benefits Review* 2006, 38: 64-70
Clark, G (1998) *"Performance Management Strategies",* em Mabey, C; Salaman, G e Storey, J (eds), Human Resource Management: A Strategic Introduction, pp. 123 - 52, Edited
Versão
Clark, L.A; Foote, D.A; Clark, W.R & Lewis, J.L (2010) "Equity Sensitivity: A Triadic Measure

and Outcome / Input Perspective" *Journal of Management Issues,* Vol. XXII, Number 3 fall 2010: 286 - 305

Cooke, F.L & Huang, K (2011) "Post Acquisition Evolution of the Appraisal & Reward Systems: A Study of Chinese IT Firms Acquired by US Firms" *Human Resource Management,* Nov-Dec 2011, Vol. 50, No 6, pp 839-858

Crowe & Sheppard 2011 "A General Critical Appraisal Tool: An Evaluation of Construct Validity" *International Journal of Nursing Studies* 48(12), 1505

Darling, K; Arn, J & Gatlin, R (1997) "How to Effectively Reward Employees" *Industrial Management,* julho/agosto, 1997

Drucker, P.F (2007) *"The Practice of Management",* Coleção Drucker Clássico ed. Elsevier

Eerde, W.V & Thierry, H (1996) "Vroom's Expectancy Models and Work-Related Criteria: A Meta-Analysis" *Journal of Applied Psychology,* Vol. 81, 575 - 586

Egger, P & Seidel, T (2008) "Agglomeration and Fair Wages" *The Canadian Journal of Economics,* vol. 41, no. 1, Feb 2008, pp. 271 - 291

Ghazanfar, F; Chuanmin, S; Khan, M.M & Bashir, M (2011) "A Study of Relationship between Satisfaction with Compensation and Work Motivation" *International Journal of Business and Social Science,* Vol. 2 #1, Jan 2011

Ghazi, S.R; Shahzada, G & Khan, S (2013) "Resurrecting Herzberg's Two Fator Theory: An Implications to the University Teachers" *Journal of Educational & Social Research,* Vol. 3(2) May 2013

Hobbs, G (1987) "Corporate Experience in Rewarding High Individual Performance" *European Management Journal,* Vol. 5, No 1

Hulkko-Nyman, K; Sarti, D; Hakonen, A & Sweins, C (2012) "Total Rewards Perceptions and Work Engagement in Elder-Care Organizations" *International Studies of Management and Organization*, Vol. 42, no 1, primavera de 2012, pp. 24-49

Inceoglu, I; Segers, J & Bartram, D (2012) "Age - related differences in work motivation" *Journal of Occupational and Organizational Psychology,* 85, 300 - 329

Irawanto, D.W (2015) "Employee Participation in Decision-making: Evidence from a State- Owned Enterprise in Indonesia" *Management*, Vol. 20, 1, pp 159 - 172

Islam, R & Ismail, A.Z (2008) "Employee Motivation: a Malaysian Perspective" *International Journal of Commerce & Management* Vol.18, No 4, 2008

Jick, T.D (1979) "Mixing Qualitative and Quantitative Methods: Triangulation in Action" *Administrative Science Quarterly,* Vol. 24, No 4 Qualitative Methodology (Dez 1979)

Katzell, R.A & Thompson, D.E (1990) "Work Motivation: Theory & Practice" *American Psychologist,* Vol. 45, No 2, pp 144- 153, Feb 1990

Kawau, H.C (2013) "Efeitos dos benefícios adicionais na produtividade dos trabalhadores no sector público: Um estudo de caso do Departamento Estatal da Água, Condado de Nairobi, Quénia" *Dissertação de MBA,* Universidade Kenyatta, novembro de 2013

Kelly, D; Harper, D.J & Landau, B (2008) "Questionnaire Mode Effects in Interactive Information Retrieval Experiments" *Information Processing and Management* 44 (2008) 122 - 141

Kennedy, C.W; Fossum, J.A & White, B.J (1983) "An Empirical Comparison of Within- Subjects and Between-Subjects Expectancy Theory Models" *Organizational Behaviour and Desempenho Humano*, #32, 124 - 143

Kiruja, EK & Elegwa, M (2013) "Effect of motivation on Employee Performance in Public Middle Level Technical Training Institutions in Kenya" (Efeito da motivação no desempenho dos trabalhadores em instituições públicas de formação técnica de nível médio no Quénia) *International Journal of Advances in Management & Economics,* Vol.2, Iss 4, pp. 73-82

Kwak, J & Lee, E (2009) "An Empirical Study of Fringe Benefits and Performance of the Korean Firms" *International Journal of Business and Management,* Vol. 4, No.2, fevereiro de 2009

Latham, G.P & Locke, E.A (1991) "Self-Regulation through Goal Setting" *Organizational Behaviour and Human Decision Processes*, #50, 212 - 247

Latham, G.P & Locke, E.A (2006) "Enhancing the Benefits and Overcoming the Pitfalls of Goal

Setting" *Organizational Dynamics,* vol. 35, #4, 332 - 340
Latham, G.P & Pinder, C.C (2005) "Work Motivation Theory and Research at the Dawn of the Twenty-First Century" *Annual Review of Psychology,* #56, 485 - 516
Latham, G.P: Almost, J: Mann, S & Moore, C (2005) "New Developments in Performance Management" *Organisational Dynamics*, Vol. 34, No 1, pp 77-87, 2005
Lawler III, E.E (2003) "Reward Practices & Performance Management System Effectiveness" *Organisational Dynamics*, Vol. 32, No 4, pp 396-404, 2003
Leete, L (2000) "Wage Equity and Employees Motivation in non-profit and for-profit Organizations" *Journal of Economic Behaviour and Organization,* Vol. 43, pp. 423 - 446
Malik, M.S; Maira, M & Muhammed, S.R (2011) "Association between Reward & Employee Motivation: A case study of Banking Sector of Pakistan" *European Journal of Humanities & Social Sciences,* Vol. 5, No 1 (Special Issue), 2011
Mawoli, M.A & Babandako, A.Y (2011) "An Evaluation of Staff Motivation, Dissatisfaction & Job Performance in an Academic Setting", *Australian Journal of Business and Management Research* Vol. 1, No 9, 01-13, Dec 2011
McAfee, R.B & Champagne, P.J (1993) "Performance Management: A Strategy for improving employee performance and productivity" *Journal of Managerial Psychology*, Vol. 8,Iss5, 1993, pp 24-32
Miner, J.B & Dachler, H.P (1973) "Personnel Attitudes and Motivation", *Annual Reviews of Psychology*, 24:379-402
Mundhra, D.D & Jacob, W (2011) "Intrinsic Motivators in the Indian Manufacturing Sector: An Empirical Study" *The IUP Journal of Organisational Behaviour*, Vol. X, No 2, 2011
Nnaji-Ihedinmah, N.C & Egbunike, F.C (2015) "Effect of Rewards on Employee Performance in Organization: Um estudo de bancos comerciais seleccionados na metrópole de Awka" *Jornal Europeu de Negócios e Gestão,* Vol. 7, No.4, 2015
Odunlade, R.O (2012) "Managing Employee Compensation and Benefits for Job Satisfaction in Libraries and Information Centres in Nigeria" *Library Philosophy and Practice* (e-journal), Paper 714
Okojie, V (2009) "Rewards Policy & Employee Motivation in the National Library of Nigeria" *Samaru Journal of Information Studies* Vol. 9, No 2 (2009)
Palmer, B.J (1989) "Motivating the Nigerian Worker - A Study of Two Public Sector Organisations" *Journal of Managerial Psychology*, Vol.4 iss.2, pp 24-31
Park, S.M & Word, J (2012) "Driven to Services: Intrinsic & Extrinsic Motivation for Public & Non-profit Managers" *Public Personal Management,* Vol.14, No 4, winter, 2012
Qureshi, M.I; Zamn, K & Shah, I.A (2010) "Relationship between Rewards & Employee's Performance in Cement Industry in Pakistan" *Journal of International Academic Research* Vol.10, No 2, 31 Aug 2010
Rabionet, S.E (2011) "How I Learned to Design and Conduct Semi-structured Interviews: An Ongoing and Continuous Journey" *The Qualitative Report,* Vol. 16, No 2, March 2011, 563 - 566
Riley, S (2005) "Herzberg's Two-Fator Theory of Motivation Applied to the Motivational Techniques within Financial Institutions" *Senior Honours Theses,* Eastern Michigan University, Paper 119
Sloof, R & van Praag, C.M (2008) "Performance Measurement, Expectancy and Agency Theory: An Experimental Study" *Journal of Economic Behaviour and Organization,* #67, 794 - 809
Stecher, M.D & Rosse, J.G (2007) "Understanding Reactions to Workplace Injustice through Process Theories of Motivation: a Teaching Module and Simulation, *Journal of Management Education* 2007 31: 777
Tahir, N; Yousafzai, I.K; Jan, S & Hashim, M (2014) "O Impacto da Formação e Desenvolvimento no Desempenho e Produtividade dos Colaboradores: A Case Study of United Bank Limited, Pashawar City, KPK, Pakistan" *International Journal of Academic Research in Business and Social Sciences*, Vol. 4, No 4, April 2014
Teck-Hong, T & Waheed, A (2011) "Herzberg's Motivation Hygiene Theory & Job Satisfaction in

the Malaysian Retail Sector: The Mediating Effect of Love of Money" *Asian Academy of Management Journal,* Vol.16, No 1, 73-94, Jan 201
The Aston Centre for Human Resources (2008) *"Strategic Human Resource Management: Building Research-Based Practice"* p. 116
Thomas, S.R (2013) *"Compensatingyour Employees Fairly: A Guide to Internal Pay Equity, Apress* Access
Tremblay, M.A; Blanchard, C.M; Taylor, S; Pelletier, L.G & Villeneuve, M (2009) "Work Extrinsic and Intrinsic Motivation Scale: It's Value for Organizational Psychology Research" *Canadian Journal of Behavioural Science,* Vol. 41, #4, 213 - 226
Tudor, T.R (2011) "Motivating Employees with Limited Pay Incentives: Equity Theory and the Fast Food Industry as a Model" *International Journal of Business and Social Science,* Vol.2 No 23, Special Issue December 2011
Tung, A; Baird, K & Schoch, H.P (2011) "Factors Influencing the Effectiveness of Performance Measurement Systems" *International Journal of Operations & Production Management,* Vol.31, No 12, pp 1287-1310, 2011
Vonk, E.M; Tripodi, T; Epstein, I (2006) *"Research Techniques for Clinical Social Workers"* 2nd Ed, New York, NY, USA: Columbia University Press, 2006. Pp.139-140

## APÊNDICES

## APÊNDICE A

## PROPOSTA DE INVESTIGAÇÃO

ESPECIALIDADE: RELAÇÕES LABORAIS

NÚMERO DE REFERÊNCIA DA HOMOLOGAÇÃO ÉTICA: **diel-f81f**

ORIENTADOR DA DISSERTAÇÃO:DR DEBORAH PRICE

TITLE: EFICÁCIA DOS SISTEMAS DE RECOMPENSA NOS TRABALHADORES MOTIVAÇÃO E DESEMPENHO NO SECTOR DO PETRÓLEO E DO GÁS ORGANIZAÇÕES NA NIGÉRIA

1.0 INTRODUÇÃO:

1.1 Antecedentes e visão geral:

N o sem dúvida, as recompensas desempenham um papel fundamental no bem-estar, estilo de vida e autoestima dos trabalhadores, uma vez que afectam o seu poder de compra e nível de vida. Assim, os trabalhadores preocupam-se com a forma como são recompensados pelos serviços que prestam às suas organizações. Por outro lado, as organizações também se preocupam com a forma como recompensam os seus empregados, porque a atração dos empregados pela organização, a rotatividade dos empregados e o desempenho dos empregados dependem em grande medida da forma como são recompensados pelas suas organizações (Odunlade 2012; The Aston Centre for Human Resources, 2008: 116). Assim, para que as organizações possam atrair e manter os conjuntos certos de trabalhadores com as competências, qualificações e experiência necessárias, e motivá-los para um melhor desempenho, é necessária a existência de sistemas de recompensa adequados e eficazes que tratem de forma justa e equitativa todos os trabalhadores. A fim de desvendar a relação entre recompensa, motivação e desempenho e determinar se estes construtos são influenciados por factores demográficos, as seguintes questões de investigação serão respondidas ao longo deste estudo.

1.2 Perguntas e subperguntas de investigação

O principal objetivo deste estudo é avaliar os efeitos dos sistemas de recompensa na motivação e no desempenho dos trabalhadores. As sub-perguntas são as seguintes:

- Que impacto têm as recompensas no desempenho dos trabalhadores?
- Que impacto têm as recompensas na motivação dos trabalhadores?
- Que influência têm os factores demográficos na relação entre recompensa e motivação?
- Que influência têm os factores demográficos na relação entre as recompensas e o desempenho?

1.3 Porque é que estas questões são interessantes

As organizações existem para atingir metas e objectivos definidos. A realização destes objectivos depende da motivação da força de trabalho. Tremblay et al. (2009) argumentam que a obtenção de vantagens competitivas pelas organizações se baseia na motivação dos seus trabalhadores e que uma força de trabalho motivada constitui um ativo estratégico para essas organizações. Assim, uma exploração da relação entre recompensas, motivação e desempenho beneficiará as organizações na conceção de sistemas de recompensas adequados e eficazes, que gerarão a motivação da sua força de trabalho e promoverão um melhor desempenho. De acordo com Tremblay, et al (2009), as técnicas de motivação, tais como as teorias da expetativa e da definição de objectivos, há muito que ganharam proeminência na conceção de sistemas de recompensa destinados a promover atitudes positivas dos trabalhadores e um desempenho profissional ótimo.

2.0 Quadro teórico

Este programa de investigação será orientado por dois quadros teóricos, nomeadamente, a teoria da expetativa-valor e a teoria da definição de objectivos. Estas teorias serão exploradas para orientar a análise e a interpretação dos dados primários que serão recolhidos a partir do inquérito de campo e dos dados secundários da literatura. Isto deve-se ao facto de as questões-chave levantadas neste estudo abrangerem três perspectivas-chave que são contempladas e tratadas por estas teorias. Este quadro é consistente com Clark (1998). De acordo com Clark, "a teoria da expetativa especifica a necessidade de associar os resultados do desempenho a recompensas que são valorizadas pelos trabalhadores. [Por outro lado, a teoria da definição de objectivos sublinha a necessidade de os trabalhadores aceitarem os objectivos em si, de modo a que a motivação tenha uma base mais intrínseca." Darling et al (1997) argumentam que o desenvolvimento e a implementação de um sistema de recompensas eficaz é uma das principais questões com que a maioria das organizações se debate atualmente. Assim, devem ser envidados esforços consideráveis para desvendar as questões mais importantes relacionadas com a recompensa, a motivação e o desempenho dos trabalhadores.

## 2.1 Teoria da expetativa

A teoria da expetativa-valência, proposta por Vroom em 1964, goza de enorme popularidade como teoria da motivação no comportamento organizacional (Kennedy, et al, 1983; Eerde e Thierry, 1996; Sloof e Praag, 2007). Esta teoria defende a hipótese de que "é a satisfação antecipada de objectivos valorizados que faz com que um indivíduo ajuste o seu comportamento de uma forma que seja mais provável que o leve a atingi-los [e que] o conceito de valência na teoria da expetativa
estabelece a noção de que o desempenho bem sucedido só resultará na medida em que as recompensas oferecidas sejam valorizadas pelos trabalhadores" (Clark, 1998).

Com base na teoria da expetativa, Arvey e Mussio (1973) estudaram a relação entre o esforço, o desempenho e a recompensa, recorrendo a trabalhadoras de escritório, e referiram que "a satisfação com os resultados da recompensa estava relacionada de forma diferente com as expectativas dos indivíduos de que o desempenho resultaria na obtenção de determinados resultados". Esta noção de diferenças individuais sublinha o facto de que o nível de satisfação com qualquer sistema de recompensa varia de indivíduo para indivíduo e depende da motivação intrínseca ou extrínseca do indivíduo. Este conhecimento é crucial para a gestão na conceção e implementação de uma combinação adequada de sistemas de recompensa que se adapte à individualidade dos trabalhadores de uma organização.

## 2.2 Teoria da definição de objectivos

Latham e Locke (1991) defendem que "a teoria da definição de objectivos baseia-se na observação introspectiva mais simples, ou seja, que o comportamento humano consciente tem um objetivo. É regulado pelo objetivo do indivíduo". Esta teoria é uma das três teorias de motivação mais dominantes na literatura (Latham e Pinder, 2005), sendo as outras a teoria da expetativa e a teoria da autodeterminação (Sloof e Praag, 2007). No centro da teoria da definição de objectivos está o pressuposto de que os trabalhadores se esforçarão por atingir objectivos significativos, específicos, desafiantes, mas realistas e aceitáveis para eles (Latham e Locke, 1991). De acordo com Clark (1998), "enquanto instrumento de gestão estratégica dos recursos humanos, um sistema de gestão do desempenho baseia-se na necessidade de pegar nos objectivos estratégicos gerais da organização e traduzi-los em objectivos para grupos mais pequenos e indivíduos". Tem sido argumentado que a satisfação que resulta de ser recompensado pela realização de objectivos definidos é um impulsionador moral que aumenta a capacidade de cumprir tarefas ainda mais desafiantes no futuro (Latham e Pinder, 2005). De acordo com Armstrong (2012: 64), "a teoria do [estabelecimento] de objectivos tem um impacto primordial na gestão do desempenho, indicando o impacto no desempenho que é feito quando são acordados objectivos de desempenho específicos, desafiantes mas atingíveis. É também um fator importante na gestão das recompensas porque revela a importância de relacionar o pagamento do desempenho com os objectivos acordados".

# 3.0 Metodologia de investigação proposta

## 3.1 Recolha de dados primários

Neste trabalho, será utilizada uma combinação de métodos de investigação qualitativos e quantitativos que combinam questionários de auto-preenchimento (são propostos trezentos questionários) e entrevistas semi-estruturadas. Os questionários serão compostos por perguntas fechadas e abertas. Serão entrevistados cinco participantes cujas funções estão relacionadas com a gestão das recompensas, a fim de obter uma experiência em primeira mão sobre a forma como lidam com as recompensas e o desempenho dos trabalhadores. Serão utilizados os mesmos conjuntos de perguntas para a entrevista destes participantes, de modo a estabelecer alguns temas e

correlações. Como mostra o modelo de questionário no Anexo 1, será utilizada uma escala de Likert de 5 pontos, pedindo aos inquiridos que assinalem em que medida concordam totalmente, concordam, discordam ou discordam totalmente com as afirmações de interesse apresentadas, sendo criada uma coluna para "Não Aplicável" para os inquiridos que não têm a certeza do que responder a qualquer uma das afirmações. O questionário está dividido em três secções: sistema de recompensa financeira, sistema de recompensa não financeira e sistema de recompensa psicológica. A população-alvo do estudo é constituída pelos meus colegas que são membros da Petroleum and Natural Gas Senior Staff Association of Nigeria (PENGASSAN). A PENGASSAN é um sindicato de cúpula constituído por todos os quadros superiores das organizações do sector do petróleo e do gás na Nigéria. Os dados primários serão recolhidos através de um inquérito no terreno, utilizando questionários e calendários de entrevistas. Tanto os membros masculinos como os femininos deste grupo
(PENDASSAN) serão objeto de amostragem. Normalmente, os membros deste grupo têm entre 25 e 60 anos de idade. Isto conduzirá à recolha de alguns dados demográficos que serão triangulados e analisados a fim de determinar a influência que factores demográficos como a idade e o sexo têm na relação entre recompensa, motivação e desempenho.
A utilização de ambos os métodos, questionário e entrevista, tem vantagens óbvias, uma vez que as fraquezas inerentes a cada um dos métodos são contrabalançadas e neutralizadas quando os dois métodos são combinados. Foi isto que justificou a utilização de ambos os métodos de recolha de dados primários. As perguntas abertas foram incluídas de modo a que os inquiridos se pudessem sentir à vontade para se exprimirem e revelarem pormenores valiosos que normalmente seriam omitidos nas perguntas fechadas. Deste modo, os inquiridos terão a liberdade de escrever o que sentem sem serem limitados pelo espaço e pelas opções "concordo" ou "discordo". Crowe e Sheppard (2011) recomendam a realização de um teste-piloto antes da recolha de dados à escala real. Assim, o questionário será testado entre dez membros do meu departamento na organização onde trabalho, a fim de identificar temas e tendências e quaisquer falhas que possam existir na conceção da investigação.
A escolha do método qualitativo deveu-se à sua flexibilidade e facilidade de administração e à sua "tentativa de proporcionar uma compreensão aprofundada das experiências subjectivas dos participantes" (Vonk, et al, 2006 :139). Tal como referido por estes autores na página 140, "os métodos qualitativos não são particularmente úteis para responder a questões relacionadas com 'quanto' ou 'quantos'". Assim, neste estudo, serão utilizados métodos quantitativos em simultâneo com métodos qualitativos, a fim de determinar a proporção de trabalhadores cuja motivação e, em última análise, desempenho, são influenciados por recompensas financeiras, não financeiras e psicológicas.

### 3.2 Recolha de dados secundários

Os artigos do jornal J disponibilizados através dos recursos da biblioteca em linha da Universidade de Leicester constituirão as principais fontes de recolha de dados secundários. Outras fontes incluirão manuais escolares, jornais e registos de empresas.

### 3.3 Análise de dados

A fim de examinar a relação entre as variáveis independentes neste estudo e testar a aleatoriedade dos dados recolhidos, serão utilizados métodos estatísticos que englobam a média, a variância, a distribuição e o desvio padrão. Além disso, propõe-se a utilização de uma análise temática para a interpretação dos resultados das entrevistas.

## 4. 0Reflexões

### 4.1 Potenciais obstáculos práticos e empíricos

Tal como recomendado pela School of Management, a principal fonte de recolha de dados secundários para esta investigação será a biblioteca digital da Universidade de Leicester. As ferramentas disponibilizadas pela biblioteca digital serão utilizadas para aceder a artigos de revistas e livros de texto. O principal obstáculo a este respeito será o acesso à Internet. A infraestrutura de TI na Nigéria ainda está a dar os primeiros passos e, como tal, os fornecedores de serviços de Internet cobram taxas exorbitantes pelo acesso à Internet, que é geralmente muito lento e pouco fiável. Este será um grande desafio durante a investigação. Além disso, a comunicação constante com o supervisor permite obter informações valiosas, mas a falta de fiabilidade do acesso à Internet e a separação geográfica dificultarão essa comunicação constante com o meu supervisor. Além disso, as empresas são geralmente cépticas quanto ao acesso aos seus registos e documentos oficiais. Assim, o acesso a esses documentos vitais pode ser um desafio durante os estudos de campo.

4.2 Problemas e dificuldades conceptuais e teóricos

Embora os inquiridos a incluir na amostra sejam profissionais de organizações do sector do petróleo e do gás na Nigéria, a vontade de dar sinceramente as suas opiniões imparciais sobre o assunto em questão pode não ser suficiente, uma vez que a maioria das pessoas responde normalmente a questionários sem pensar no assunto. Podem também surgir problemas de léxico e de estrutura, uma vez que a maioria dos inquiridos, que são cientistas e engenheiros, pode não estar familiarizada com a terminologia utilizada na investigação em gestão e pode simplesmente dar respostas improvisadas às afirmações, o que afectará o coeficiente de correlação dos resultados. Para reduzir esta ocorrência, na conceção do questionário foram utilizadas afirmações fáceis de compreender e uma linguagem inglesa direta. Alguns inquiridos podem sentir-se pouco à vontade para responder a perguntas que possam ser interpretadas como perguntas pessoais.

4.3 Desafios éticos

Armstrong (2012: 142), citando Adam Smith, argumentou que "quando eticamente perplexos, a pergunta que devemos sempre fazer é: um observador desinteressado, em plena posse dos factos relevantes, aprovaria ou desaprovaria as nossas acções?" Assim, neste trabalho, serão feitos esforços para garantir que as coisas certas são feitas, assegurando que o inquérito de campo é realizado adequadamente, que os factos que serão apresentados são originais, lógica e objetivamente apresentados e livres de todos os obstáculos académicos. As questões de investigação serão respondidas com a maior honestidade e exatidão possíveis e em conformidade com as regras de boa formação académica consagradas nos códigos de ética e outras regras relevantes da University of Leicester School of Management. Além disso, a "lista de controlo de revisão da ética da investigação" aprovada será o meu guia ao longo deste trabalho.

4.4 Campo Político e Reflexão

Os dados para esta investigação serão recolhidos a partir de um inquérito no terreno que será efectuado junto dos trabalhadores do sector do petróleo e do gás na Nigéria. Serão envidados os maiores esforços para garantir que os dados são recolhidos com a maior exatidão possível, de modo a que as conclusões a tirar não sejam enganadoras, o que normalmente resulta de uma recolha e interpretação erradas dos dados. Os fenómenos que serão investigados são fenómenos que afectam todos os trabalhadores em todo o mundo e, como tal, a tendência para se emocionar com as questões levantadas é elevada, o que pode afetar a objetividade do estudo. Assim, serão feitos esforços para ser o mais objetivo possível.

5.0 Calendário

**Reflexões**

*Nota sobre o conteúdo:*

- *(máx. 500 palavras).*

*Incluir reflexões sobre:*

- o *Potenciais obstáculos práticos e empíricos (por exemplo, acesso).*
- o *Problemas e dificuldades conceptuais e teóricos.*
- o *Ética (tanto no sentido restrito como no sentido lato).*
- o *A sua posição como investigador num domínio político e a sua reflexão sobre o impacto desta posição no seu estudo.*

<Inserir texto>.

**Horário**

*Nota sobre o conteúdo:*

- *(máx. 100 palavras, ou um diagrama de uma página)*
- *Indicar as datas e as principais etapas ou marcos.*

- *Esta informação deve ser apresentada em pontos ou sob a forma de um diagrama pictórico.*
- *Não se esqueça de incluir outros compromissos, como férias, e de dar tempo aos tutores para aprovarem a sua proposta de investigação.*

<Inserir texto>.

**Referências**

*Nota sobre o conteúdo:*

- *Uma lista completa das obras referidas no texto, corretamente referenciadas.*
- *A qualidade é mais importante do que a quantidade, demonstrando o envolvimento com a literatura relevante.*
- *A Internet não deve ser a única fonte de referências.*

REFERÊNCIAS

Vonk, E.M; Tripodi, T; Epstein, I (2006) *"Research Techniques for Clinical Social Workers"* 2nd Ed, New York, NY, USA: Columbia University Press, 2006. pp 139-140

Armstrong, M (2012) "Armstrong's Handbook of Reward Management Practice" 4th Ed. Koganpage

## APÊNDICE B
## TRANSCRIÇÕES DE ENTREVISTAS

### PRIMEIRA ENTREVISTA 21/11/15

**Pergunta 1**: O que o motiva enquanto gestor?
Para mim, tendo em conta os anos de experiência que tenho no sector, diria que a motivação tem níveis e que, à medida que se cresce na organização, o que nos motiva muda. Do ponto de vista da liderança, a minha motivação é uma função do reconhecimento que recebo como resultado dos meus contributos ou esforços. Quando sou reconhecido por fazer um bom trabalho, sinto-me motivado a fazer ainda mais. Ou seja, as recompensas que recebo sob a forma de reconhecimento motivam-me a ter um melhor desempenho. O meu desempenho é melhorado quando sou recompensado por fazer um bom trabalho.

**Questão 2**: O que é que a organização pode pôr em prática para garantir que os empregados que estão a ter um bom desempenho são devidamente reconhecidos?
A organização pode reconhecer o contributo de cada trabalhador se criar um roteiro definido ou aquilo a que chamo plano de sucessão. Deste modo, os trabalhadores poderão ver onde os seus esforços os levarão se trabalharem o suficiente, em vez de andarem às apalpadelas no escuro sobre o que o futuro lhes reserva. As recompensas financeiras, por si só, já não são uma motivação fundamental para mim e para a maioria dos trabalhadores do sector do petróleo e do gás, porque o pacote salarial é geralmente bom, o que garante que todos os trabalhadores se sintam relativamente confortáveis. Em vez disso, uma carreira que mostre claramente o padrão de crescimento na organização é, para mim, a principal motivação e estas não são recompensas materiais. Estas recompensas não financeiras farão com que os trabalhadores se sintam bem consigo próprios e com as suas realizações.

**Pergunta 3**: Se sugerisse à organização, quais seriam os requisitos para um plano de sucessão?
Para que o plano de sucessão seja bem sucedido, tem de envolver o desenvolvimento de recursos humanos que crie um roteiro de carreira. Este identificará as necessidades específicas de formação dos trabalhadores a vários níveis, que devem resultar de uma análise exaustiva das lacunas de competências. As lacunas identificadas devem ser colmatadas através de formação e orientação. Em seguida, os trabalhadores cujas competências estão acima das suas posições actuais devem ser promovidos e progredir na hierarquia organizacional. Assim, os critérios para um planeamento da sucessão consistem em fazer corresponder as competências dos trabalhadores à sua posição ou à posição acima deles na família de funções e garantir que são promovidos em conformidade se as suas competências estiverem acima dos requisitos das suas posições actuais, bem como assegurar uma formação adequada para aqueles cujas competências são inadequadas. Assim, a promoção ao longo da escada empresarial deve ser feita de forma justa, equitativa e com base no mérito, a fim de não criar descontentamento e desigualdade entre os trabalhadores.

**Pergunta 4**: Utilizando a nossa organização como um estudo de caso e considerando a crise laboral

em curso na organização, acha que se o sindicato fosse devidamente envolvido pela direção, esta crise laboral poderia ser evitada?
Definitivamente. Uma das principais estratégias de gestão para um crescimento organizacional efetivo é a comunicação eficaz - tanto interna como externa. Uma comunicação corretamente gerida faz com que os empregados sintam que fazem parte do sistema. Por vezes, vale a pena olhar para aquilo a que chamo ética de carácter e diferenças de personalidade. A ética do carácter envolve pessoas que tentam fazer com que os outros pareçam bons sem primeiro compreenderem a sua personalidade. A ética da personalidade define e explica em grande medida por que razão é necessário levar as pessoas até ao fim, mesmo dentro da sua própria linha de reporte. A falta de uma comunicação adequada e eficaz é a principal causa da desarmonia industrial que a nossa organização atravessa atualmente, o que tem afetado o desempenho dos trabalhadores devido ao seu baixo moral. Levar as pessoas consigo faz com que elas tenham um sentimento de pertença. Mesmo no seio de uma família, a falta de comunicação é a razão pela qual a maioria dos casamentos se desfaz. Uma comunicação correcta ajuda a chegar a um ponto comum e gera compreensão.
**Pergunta 5**: Do inquérito no terreno que realizei, alguns inquiridos foram da opinião de que o seu desempenho poderia melhorar se houvesse um feedback do desempenho por parte dos seus gestores. Qual é a sua opinião sobre o assunto?
Estou absolutamente de acordo. Sem feedback sobre o desempenho, como é que se pode melhorar? Uma pessoa pode pensar que está a dar o seu melhor sem saber se está a acrescentar valor ou não. Tanto o feedback positivo como o negativo podem ajudar os trabalhadores a manter o rumo e a corresponder às suas expectativas. Além disso, os gestores precisam de dar seguimento ao feedback para garantir que os pontos fracos identificados recebem a atenção que merecem. O feedback deve ser contínuo e regular para atingir o seu objetivo.
**Pergunta 6**. Um dos pontos-chave que encontrei durante o inquérito no terreno foi que a atitude dos gestores pode afetar positiva ou negativamente o desempenho dos seus subordinados. Como é que é a sua experiência?
Segundo a minha experiência, a maior parte das organizações leva o seu tempo a selecionar os seus gestores. A esse nível, os gestores são como embaixadores; são os representantes da liderança de topo da organização. Como tal, um bom gestor deve ser humilde sem perder a guarda. A atitude de um gestor em relação aos seus subordinados cria alguns impactos, quer positivos quer negativos.... Se um gestor for aberto aos seus empregados, estes cooperarão e trabalharão bem com o gestor. Assim, a abertura e o respeito mútuo entre gestores e trabalhadores ajudam a criar um ambiente propício ao crescimento e ao sucesso. A atitude dos gestores em relação aos seus empregados é fundamental para o sucesso organizacional.
**Pergunta 7:** Alguns trabalhadores preferem as recompensas financeiras, enquanto outros não. Tendo em conta o atual colapso financeiro da indústria, o que é que as organizações podem fazer para garantir que todos os empregados estão motivados?
A comunicação é a chave em todas as situações. No momento em que as organizações envolvem os seus empregados nos seus processos de tomada de decisão, existem diferentes formas de motivar os seus empregados para além do dinheiro. Os gestores precisam de voltar a sublinhar que há dias melhores pela frente, assegurando aos empregados que o futuro é brilhante e que o podem fazer juntos. Existem muitas outras recompensas não financeiras que podem ser utilizadas, tais como cartões de oferta, e-mails de agradecimento, exercícios de formação de equipas, prémios de funcionário do mês, etc. Estas recompensas não financeiras farão com que os trabalhadores se sintam bem consigo próprios e com as suas realizações.

## SEGUNDA ENTREVISTA 22/11/15

**Pergunta 1**: O que o motiva enquanto gestor?
O que me motiva são as pessoas - a alegria de ver aqueles que formei e orientei ao longo dos anos tornaram-se um grande sucesso na indústria; uma dessas pessoas é atualmente Diretor-Geral de uma organização de petróleo e gás. Isso fez-me sentir que ajudei no desenvolvimento de profissionais competentes para a indústria. Esta é a minha maior motivação. De um modo geral, a única forma de fazer com que os trabalhadores dêem o seu melhor é motivá-los

adequadamente. Os gestores têm de identificar o que motiva os seus empregados e proporcionar-lhes essa motivação de modo a manter a motivação da força de trabalho. Se quiser que os seus empregados tenham um desempenho acima da média, basta motivá-los adequadamente.

**Pergunta 2**: Algumas pessoas são motivadas por salários e bónus elevados. Qual é a sua opinião sobre isso?

Os salários e os bónus são normalmente pagos de acordo com a posição que se ocupa na organização, mas o que me influencia é ter um trabalho interessante e desafiante, onde me aplico a resolver problemas reais e técnicos pelos quais sou pago. O desempenho dos trabalhadores deve ser devidamente recompensado para os motivar e manter a sua produtividade, caso contrário, o seu desempenho e produtividade começarão a sofrer.

**Pergunta 3**: Utilizando a nossa organização como um estudo de caso e considerando a crise laboral em curso na organização, acha que se o sindicato fosse devidamente envolvido pela direção, esta crise laboral poderia ser evitada?

Sem dúvida. Esta crise poderia ter sido evitada se o departamento de Recursos Humanos (RH) tivesse sido capaz de envolver o sindicato e negociar um pacote de medidas aceitável. A comunicação foi mal gerida pelo departamento de RH. Uma boa comunicação faz com que as pessoas tenham um sentimento de pertença e cria uma atmosfera de abertura e confiança. receita para uma relação harmoniosa entre a direção e os trabalhadores, que permita otimizar o desempenho dos trabalhadores e o desempenho da organização.

**Pergunta 4**: O que é que a organização poderia fazer para evitar a ocorrência futura desta crise?

É necessária uma mudança de atitude por parte dos gestores de recursos humanos, assegurando que os trabalhadores sejam respeitados e considerados como uma das principais partes interessadas da organização.

**Pergunta 5**: Do inquérito no terreno que realizei, alguns inquiridos foram da opinião de que o seu desempenho poderia melhorar se houvesse um feedback do desempenho por parte dos seus gestores. Qual é a sua opinião sobre o assunto?

Tem de haver algum tipo de recompensa pelo bom desempenho. O bom ou mau desempenho tem de ser identificado e comunicado aos trabalhadores afectados através de um sistema de feedback. No entanto, este feedback tem de ser contínuo e devem ser utilizados canais formais e informais para garantir que o mau desempenho é identificado atempadamente e corrigido.

**Pergunta 6**: Um dos pontos-chave que encontrei durante o inquérito no terreno foi que a atitude dos gestores pode afetar positiva ou negativamente o desempenho dos seus subordinados. Como é a vossa experiência?

Se um gestor tiver uma atitude negativa, isso afectará o comportamento e o desempenho dos seus subordinados. Se um gestor tiver uma atitude "capaz de fazer", isso também garantirá o bom desempenho dos trabalhadores. Uma atitude positiva e respeitosa dos gestores cria uma atmosfera propícia a um bom desempenho. Um bom gestor deve ter respeito pelos seus empregados, a fim de obter o melhor deles.

**TERCEIRA ENTREVISTA22/11/15**

**Pergunta 1**: O que o motiva enquanto gestor?

É sempre bom ter recompensas financeiras, que normalmente vêm sob a forma de salários e bónus. Mas o que me motiva é o sucesso da equipaTrabalhar em conjunto para alcançar os objectivos objectivos atempados, em segurança e dentro do orçamento motiva-me. A experiência tem demonstrado que a utilização de recompensas financeiras, por si só, só pode garantir o sucesso a curto prazo, uma vez que a satisfação que lhe está associada é geralmente de curta duração. No entanto, existe definitivamente uma relação entre a motivação e o desempenho dos trabalhadores; quando os trabalhadores estão devidamente motivados, têm um melhor desempenho.

**Questão 2**: Como é que as recompensas financeiras o motivam?

Recebe-se um salário acordado e subsídios pelo trabalho que se faz para a organização. Isso é uma obrigação, mas a minha principal motivação é ser reconhecido pela direção por um trabalho bem feito. Isto pode assumir muitas formas, até mesmo um simples pacto nas costas! A experiência tem demonstrado que a utilização de recompensas financeiras só pode garantir o sucesso a curto prazo.

A organização deve antes utilizar recompensas não financeiras e psicológicas para complementam os salários e subsídios, que são obrigatórios.

**Pergunta 3**: Nas suas organizações anteriores, quais eram as outras recompensas não financeiras utilizadas para motivar os empregados?

No meu anterior emprego, utilizámos um sistema que tem em conta o desempenho organizacional e o desempenho individual para chegar a uma fórmula de recompensa para os indivíduos numa base anual. Desta forma, as recompensas estão ligadas ao desempenho. No entanto, a utilização de outros símbolos não financeiros, como t-shirts, relógios de pulso, cartões de oferta e canetas, para reconhecer mensalmente o desempenho excecional, era muito eficaz.

**Pergunta 4**: Usando a nossa organização como um estudo de caso e considerando a crise laboral em curso na organização, acha que se o sindicato fosse devidamente envolvido pela direção, esta crise laboral poderia ser evitada?

O sindicato deve ser reconhecido como uma das principais partes interessadas na organização e deve ser devidamente envolvido, a fim de promover uma relação de trabalho harmoniosa. Se o sindicato constitui mais de 75% da força de trabalho, então é uma parte interessada importante que não pode ser facilmente posta de lado. O envolvimento com o sindicato para solicitar a sua cooperação teria evitado a crise laboral que a nossa organização enfrenta atualmente.

**Pergunta 5**: Do inquérito no terreno que realizei, alguns inquiridos foram da opinião de que o seu desempenho poderia melhorar se houvesse um feedback do desempenho por parte dos seus gestores. Qual é a sua opinião sobre este assunto?

O feedback sobre o desempenho deve ser contínuo; é uma má supervisão permitir que os trabalhadores continuem sem uma intervenção regular por parte daqueles que não estão a corresponder às expectativas e, além disso, um pacto nas costas para os que têm um bom desempenho contribuirá muito para melhorar o desempenho da equipa, bem como o desempenho da organização. Se um gestor esperar até aos círculos de avaliação semestrais ou anuais para dar feedback sobre o desempenho, perde-se a oportunidade de fazer algumas correcções ou intervenções. Um feedback contínuo do desempenho ajuda a utilizar as lições aprendidas em tarefas anteriores para melhorar o desempenho das tarefas actuais e futuras.

**Pergunta 6**: Um dos pontos-chave que encontrei durante o inquérito no terreno foi que a atitude dos gestores pode afetar positiva ou negativamente o desempenho dos seus subordinados. Como é a vossa experiência?

Trabalhar para um diretor que é arrogante e mandão é uma tarefa difícil. Um gestor deve reconhecer o esforço da equipa e celebrar os sucessos da equipa em vez dos seus próprios sucessos individuais. Por experiência própria, os trabalhadores gostam de trabalhar com gestores acessíveis e respeitadores, em vez de com um chefe arrogante.

**Pergunta 7**: Existe o conceito de "aperto de mão dourado". Como é a sua experiência?

Como já foi dito, é sempre bom receber algumas formas de recompensas financeiras de vez em quando, mas só isso é uma solução a curto prazo e a satisfação que daí advém é de curta duração. As organizações deveriam antes utilizar recompensas não financeiras e psicológicas para complementar os salários e subsídios, que são obrigatórios.

**QUARTA ENTREVISTA22/11/15**

**Pergunta 1**: O que o motiva enquanto gestor?

O que mais me motiva são as oportunidades de crescimento que a organização oferece através de um percurso de carreira bem definido. Além disso, a motivação pode assumir várias formas, para além das recompensas financeiras. Pode vir através de feedback, quer através de linguagem corporal, quer através de elogios verbais que transmitem o facto de se ter feito bem. Por experiência própria, quando estou motivado, o meu desempenho é melhor. Penso que existe uma relação séria entre a motivação e o desempenho dos trabalhadores. No que diz respeito à utilização da linguagem corporal, basta um aplauso nas costas para motivar alguns trabalhadores. Os gestores devem aprender a utilizar vários meios para garantir que os seus empregados estão motivados, porque essa é a única forma de obter um melhor desempenho da sua parte.

**Pergunta 2**: Na sua opinião, o que é que a organização pode fazer para proporcionar um percurso

profissional claro aos trabalhadores?
Os gestores devem ter em conta o facto de que existe um reforço positivo quando os indivíduos são reconhecidos por atingirem os objectivos estabelecidos. Este reconhecimento pode assumir a forma de uma promoção... Assim, a gestão deve pôr em prática um programa claro que incorpore o percurso de carreira, de modo a que os empregados que trabalham arduamente saibam o que os espera ao fundo do túnel, por assim dizer. Isto assegurará que os trabalhadores merecedores sejam recompensados com promoções para que possam crescer ao longo do seu percurso profissional. No entanto, devo dizer que recompensar adequadamente o bom comportamento ajuda a reforçar esses comportamentos e incentiva a repetição do desempenho no futuro; pode ser feito de diversas formas, como a utilização de cartões-presente, o reconhecimento mensal dos prémios do empregado do mês, etc. Os trabalhadores sentem-se motivados quando são recompensados pelos seus esforços e têm um melhor desempenho. Isto faz com que se sintam apreciados.
**Pergunta 3**: Usando a nossa organização como um estudo de caso e considerando a crise laboral em curso na organização, acha que se o sindicato fosse devidamente envolvido pela direção, esta crise laboral poderia ser evitada?
Uma comunicação adequada que reflicta o respeito pelos indivíduos, independentemente da sua posição, é fundamental para uma relação harmoniosa entre o sindicato e a direção. Neste caso, a nossa direção de RH não comunicou através de um envolvimento adequado com o sindicato. A comunicação foi mal gerida.
**Pergunta 4**: Do inquérito no terreno que realizei, alguns inquiridos foram da opinião de que o seu desempenho poderia melhorar se houvesse um feedback do desempenho por parte dos seus gestores. Qual é a sua opinião sobre o assunto?
A informação sobre o desempenho deve ser tão confidencial quanto possível, tendo em conta os pontos fortes e fracos do trabalhador em causa. O feedback sobre o desempenho deve ser um exercício diário e ser comunicado de forma respeitosa, a fim de não abalar o moral dos trabalhadores, em especial daqueles que não estão a corresponder às expectativas. Deve ter por objetivo corrigir os comportamentos indesejados e encorajar os comportamentos desejados. Deve ser orientada para a melhoria do desempenho.
**Pergunta 5**: Existe o conceito de "aperto de mão dourado". Como é a sua experiência?
Cada ação gera uma reação igual e oposta. Se um trabalhador teve um bom desempenho, deve ser recompensado. Recompensar adequadamente o bom comportamento ajuda a reforçar esses comportamentos e a encorajar a repetição do desempenho no futuro. Esses gestos nem sempre devem ser financeiros; podem ser feitos de diversas formas, como a utilização de cartões de oferta, o reconhecimento mensal através do prémio de empregado do mês, etc.
**Pergunta 6**: Um dos pontos-chave que encontrei durante o inquérito no terreno foi que a atitude dos gestores pode afetar positiva ou negativamente o comportamento dos seus subordinados. Qual é a sua experiência?
O conceito gira em torno da gestão do seu chefe e do seu chefe em relação a si; o objetivo principal é a criação de uma atmosfera agradável em que tanto os gestores como os subordinados trabalham para atingir os seus objectivos. Quando os subordinados sentem que os seus chefes os estão a utilizar como instrumentos, cria-se uma atmosfera de desconfiança. As chefias devem ter uma noção clara do que pretendem alcançar e comunicá-lo aos seus subordinados de forma respeitosa.
**Pergunta 7**: Como é que os gestores devem garantir que os objectivos estabelecidos são alcançáveis dentro do prazo?
Os objectivos devem ser definidos entre os gestores e os trabalhadores e devem ser SMART, ou seja, específicos, mensuráveis, realizáveis, realistas e calendarizados. Assim, mantém-se uma orientação clara e todos os membros da equipa se comprometem a atingir os objectivos dentro do prazo estipulado.
**Pergunta 8:** Em resumo, se fosse nomeado diretor-geral desta organização, que medidas tomaria para garantir que todos os empregados estão motivados?
Assegurarei que a voz de todos os trabalhadores conta na tomada de decisões e isso implica que assegurarei que o sindicato seja devidamente envolvido em todas as alturas em que estejam em

cima da mesa assuntos que afectem o bem-estar dos trabalhadores. Se os trabalhadores estiverem descontentes, não é possível obter resultados significativos e, como tal, assegurarei a existência de uma relação cordial entre a minha direção e o sindicato. Assegurarei que a utilização de medidas punitivas seja o último recurso, mas que o reforço seja utilizado para promover comportamentos bons e aceitáveis. O principal objetivo será criar um percurso de carreira claro e promover o desenvolvimento e o crescimento dos trabalhadores. Criarei um ambiente propício para que os trabalhadores possam exprimir livremente as suas ideias e opiniões.

**QUINTA ENTREVISTA23/11/15**

**Pergunta 1**: O que o motiva enquanto gestor?
As boas realizações são a minha principal motivação. Quando atinjo os meus objectivos, especialmente em circunstâncias difíceis. Quanto mais desafiantes forem as tarefas, maior é a satisfação que retiro da sua realização. Como gestor, cheguei à conclusão de que a única forma de melhorar o desempenho dos trabalhadores é motivá-los. As recompensas financeiras, por si só, não são suficientes para manter a motivação dos trabalhadores. Estas têm de ser utilizadas em conjunto com outras recompensas não materiais.

**Pergunta 2**: Como é que a recompensa pelo papel que desempenha na organização o motiva a ter um melhor desempenho?
Há muitas perspectivas em relação às recompensas. A nossa cultura, formação académica e idade influenciam, em grande medida, a nossa preferência por recompensas financeiras ou outras formas de recompensa. Como africano, certifico-me de que trabalho num ambiente em que o respeito é promovido. O respeito é a primeira recompensa que espero dos meus superiores, dos meus colegas e dos meus subordinados. Com base no meu acordo contratual, também espero o meu salário e outros pagamentos ou subsídios acordados no meu contrato.

**Pergunta 3**: Tendo em conta a sua experiência e o facto de ter trabalhado como gestor em diferentes organizações e em diferentes países, quais são os principais factores que considera serem responsáveis pela motivação dos seus empregados?
As minhas experiências abrangem vários países e, com base nas diferentes culturas desses países, as expectativas dos trabalhadores são diferentes. Mas o essencial é que todos os trabalhadores querem ter segurança no emprego. Como gestor, assegurei-me de que os meus empregados sentissem que faziam parte da equipa. O espírito de equipa promove ou demonstra algum cuidado de uns para com os outros, o que faz com que os empregados se sintam seguros e protegidos. Esta tem sido a minha estratégia enquanto gestor.

**Pergunta 4**: Como gestor, o que é que acha que uma organização deve pôr em prática para garantir a motivação e o desempenho contínuos dos empregados?
As organizações têm de se certificar de que a visão da organização é comunicada a todos os membros da organização, de forma a que os empregados possam apropriar-se da visão. Este valor partilhado é um laço forte que une os membros da organização. Além disso, a organização tem de garantir a segurança no emprego, oportunidades de desenvolvimento de carreira para os empregados e, finalmente, deve promover o espírito de equipa dentro da organização.

**Pergunta 5**: Que métodos utilizou para garantir que os seus empregados são devidamente recompensados pelos seus esforços?
A cultura e a formação académica dos trabalhadores afectam a forma como estes se relacionam com as recompensas materiais, como já foi referido. Assim, os trabalhadores de origem africana esperam mais dinheiro do que os seus homólogos europeus, provavelmente para poderem fazer face às suas responsabilidades familiares alargadas, normalmente enormes. No entanto, as recompensas não devem ser apenas financeiras, como salários chorudos, subsídios, casas e carros grandes. A experiência demonstrou que dar dinheiro às pessoas não as mantém motivadas porque a satisfação que lhe está associada é de curta duração. As recompensas materiais devem ser utilizadas em conjunto com outras recompensas não financeiras e psicológicas, como a segurança no emprego e um ambiente de trabalho favorável.

**Pergunta 6** Usando a nossa organização como um estudo de caso e considerando a crise laboral em curso na organização, acha que se o sindicato fosse devidamente envolvido pela direção, esta crise

laboral poderia ser evitada?
A comunicação com o sindicato teria ajudado a resolver as crises sindicais. Verifica-se que a comunicação foi mal gerida. O sindicato queria mais informações e queria fazer parte dos processos de tomada de decisão. De acordo com a minha experiência pessoal, a maioria das organizações não gostaria que o sindicato participasse nos processos de tomada de decisão, mas uma maior comunicação teria sido de grande ajuda neste caso.
**Pergunta 7**: Do inquérito no terreno que realizei, alguns inquiridos foram da opinião de que o seu desempenho poderia melhorar se houvesse um feedback do desempenho por parte dos seus gestores. Qual é a sua opinião sobre o assunto?
O feedback sobre o desempenho, na maioria das vezes, melhora o desempenho dos funcionários. Embora a nossa organização recomende uma periodicidade bianual, o processo deve ser contínuo e comunicado de forma a analisar o que precisa de ser melhorado e o que é bom para ser mantido. Deve ter como objetivo a melhoria do desempenho nas áreas de fraqueza e o reforço das áreas de força. O feedback sobre o desempenho deve ser um processo contínuo, de modo a que os erros ou o mau desempenho sejam identificados e corrigidos em tempo útil. As chefias devem utilizar formas formais e informais de dar feedback sobre o desempenho.
**Pergunta 8**: Um dos pontos-chave que encontrei durante o inquérito no terreno foi que a atitude dos gestores pode afetar positiva ou negativamente o comportamento dos seus subordinados. Qual é a sua experiência?
Como já foi dito, o espírito de equipa e o respeito mútuo devem ser demonstrados através de uma comunicação e de intercâmbios eficazes. Um gestor deve ter uma atitude de escuta e de respeito para poder beneficiar das ideias e dos contributos dos seus empregados. Ouvir e estar muito próximo dos trabalhadores será benéfico para a organização, uma vez que cria uma atmosfera de amizade entre os gestores e os trabalhadores, o que melhorará a relação de trabalho. Pela minha experiência, sempre promovi intercâmbios formais e informais no seio da minha equipa, o que ajuda a promover o espírito de equipa e ajuda as pessoas a trabalharem bem em conjunto.
**Pergunta 9**: Tendo em conta os seus anos de experiência, qual foi o seu trabalho mais difícil?
O meu trabalho mais difícil foi quando entrei para a Black Gold Gabon, vindo da Shell. Descobri que os empregados da Black Gold Gabon já estavam habituados a receber regularmente recompensas materiais, como bónus, e entrei numa altura em que a organização estava a passar por um grave colapso financeiro e não havia dinheiro para financiar esquemas de bónus tão dispendiosos. Como convencer os meus colaboradores de que as recompensas financeiras devem ser baseadas no desempenho foi o meu maior desafio no meu anterior emprego, porque os colaboradores já estavam habituados a receber bónus de vez em quando, independentemente do desempenho individual. Isto implicava ter de mudar a mentalidade dos empregados e fazê-los aceitar a mudança na abordagem das recompensas. Esta foi a altura mais difícil para mim.
**Pergunta 10**: O que fez em especial para associar as recompensas ao desempenho?
A comunicação foi a chave. Tivemos de comunicar aos empregados, de forma respeitosa, o facto da crise financeira que a organização estava a enfrentar e convencê-los de que a sobrevivência da organização dependia de uma gestão prudente dos recursos financeiros. Fizemo-los sentir que faziam parte da organização e que deviam apropriar-se dos processos. Depois, com os contributos dos trabalhadores, concebemos um esquema de bónus que tem em conta o desempenho da empresa, o desempenho organizacional e o desempenho individual. Além disso, incluímos algumas recompensas não financeiras, tais como cartões de oferta, prémios para os funcionários do mês e t-shirts.

## APÊNDICE C

**Temas e padrões das cinco entrevistas**

| Tema | Respostas dos entrevistados |
|---|---|
| | |

| Primeiro tema: Existe uma forte relação entre a motivação dos trabalhadores e o seu desempenho | Os cinco entrevistados foram unânimes na sua convicção de que existe uma forte relação entre a motivação e o desempenho dos trabalhadores. Embora o Entrevistado 1 tenha identificado diferentes níveis de motivação e indicado que, à medida que os trabalhadores progridem na hierarquia da empresa, o que os motiva muda, concluiu que "quando sou reconhecido por fazer um bom trabalho, fico motivado para fazer ainda mais, ou seja, quanto mais motivado estou, mais desempenho tenho como indivíduo".<br>O entrevistado 2, que é um gestor sénior e tem 59 anos, identificou as pessoas como a fonte da sua motivação e disse que a alegria de ver as pessoas que orientou e formou ao longo dos anos a tornarem-se grandes sucessos no sector o motiva. O entrevistado 2 afirmou que "a nível geral, a única forma de fazer com que os empregados dêem o seu melhor é motivá-los adequadamente".<br>O entrevistado 3 identificou o sucesso da equipa como a sua principal motivação. Indicou que o que mais o motiva é trabalhar em equipa para atingir os objectivos estabelecidos atempadamente, em segurança e dentro do orçamento. Tal como o primeiro e o segundo entrevistados, o Entrevistado 3 referiu que "existe definitivamente uma relação entre a motivação e o desempenho dos trabalhadores; quando os trabalhadores estão devidamente motivados, têm um melhor desempenho".<br>O entrevistado 4 identificou as perspectivas de crescimento como a sua fonte de motivação, referindo que "por experiência própria, quando estou motivado, tenho um melhor desempenho. Penso que existe uma relação séria entre a motivação dos trabalhadores e o seu desempenho". Sugeriu ainda que os gestores devem aprender a utilizar vários meios para garantir a motivação dos seus trabalhadores, pois só assim poderão obter um melhor desempenho.<br>De acordo com o Entrevistado 5, "enquanto gestor, cheguei à conclusão de que a única forma de melhorar o desempenho dos trabalhadores é motivá-los adequadamente". Observou que as recompensas financeiras, por si só, não são suficientes para manter a motivação dos trabalhadores. Estas têm de ser utilizadas em conjunto com outras recompensas não materiais. |
|---|---|

| Tema | Resposta dos entrevistados |
| --- | --- |
| Segundo tema: As recompensas corretamente administradas motivam os empregados e melhoram o seu desempenho | Houve também uma convergência de pontos de vista sobre a utilização de recompensas para motivar os trabalhadores e melhorar o seu desempenho. O entrevistado 1 defendeu que as recompensas financeiras, não financeiras e psicológicas devem ser utilizadas com cuidado e, por vezes, de forma combinada, a fim de garantir a motivação e o desempenho dos trabalhadores. Na sua opinião, se as recompensas financeiras, para além dos salários e subsídios normais, forem escassas devido ao colapso económico que a indústria enfrenta atualmente, podem ser utilizadas com êxito outras recompensas não materiais, como exercícios de formação de equipas, cartões de oferta, mensagens de felicitações ou de agradecimento e prémios para o empregado do mês, concluindo que "essas recompensas não financeiras farão com que os empregados se sintam bem consigo próprios e com as suas realizações".<br>O entrevistado 2 considera que, para além de outras recompensas, os trabalhadores devem ter empregos interessantes e estimulantes, em vez de salários e bónus chorudos, afirmando que "os salários e os bónus são normalmente pagos de acordo com a posição que se ocupa na organização, mas o que me influencia é ter um emprego interessante e estimulante, em que me aplico a resolver problemas reais e técnicos pelos quais sou pago". Indicou que, sem recompensar o bom desempenho, os trabalhadores ficam desmotivados e o seu desempenho diminui.<br>O Entrevistado 3 foi enfático quanto ao facto de a utilização de recompensas financeiras por si só não conduzir a uma motivação e a um desempenho sustentados, uma vez que a satisfação que advém de ter mais dinheiro é de curta duração. De acordo com ele, "A experiência tem mostrado que a utilização ..........................................de recompensas financeiras por si só só só pode garantir o sucesso a curto prazo.<br>recompensas financeiras e psicológicas para complementar os salários e os subsídios, que são obrigatórios". Sugeriu a utilização de fichas como t-shirts, relógios de pulso, cartões de oferta, etc., para recompensar e reconhecer mensalmente ou trimestralmente o desempenho excecional.<br>O entrevistado 4 referiu que "recompensar adequadamente o bom comportamento ajuda a reforçar esses comportamentos e incentiva a repetição do desempenho no futuro; pode ser feito de diversas formas, como a utilização de cartões-presente, o reconhecimento mensal dos prémios do empregado do mês, etc.". Indicou que recompensar os empregados de forma adequada os motiva a ter um melhor desempenho e que recompensar o bom desempenho motiva os empregados e fá-los sentir-se apreciados.<br>O entrevistado 5 considera que as recompensas financeiras devem estar associadas ao desempenho, tanto a nível individual como empresarial, para serem eficazes. O entrevistado 5 referiu que "o meu maior desafio no meu anterior emprego era convencer os meus trabalhadores de que as recompensas financeiras devem estar relacionadas com o desempenho, porque os trabalhadores já estavam habituados a receber bónus de vez em quando, independentemente do desempenho individual". Segundo ele, o principal desafio consistia em mudar a mentalidade dos trabalhadores e fazê-los aceitar a mudança na abordagem das recompensas. |

| Tema | Respostas dos entrevistados |
|---|---|
| Terceiro tema: Uma comunicação eficaz promove uma relação de trabalho harmoniosa entre a direção e os trabalhadores. | O Entrevistado 1 identificou a comunicação efectiva como uma das estratégias-chave para o crescimento organizacional. Segundo ele, o crescimento organizacional é uma consequência do desempenho dos trabalhadores. A falta de uma comunicação adequada e eficaz é a principal causa da desarmonia industrial que se vive atualmente na nossa organização, o que tem afetado o desempenho dos trabalhadores devido ao seu baixo moral. Levar as pessoas consigo faz com que elas tenham um sentimento de pertença". Isto satisfaz uma das hierarquias de necessidades de Maslow.<br>O entrevistado 2 identificou uma comunicação mal gerida como a principal causa da crise industrial que a nossa organização atravessa atualmente. Ele foi enfático quanto ao facto de que "uma boa comunicação faz com que as pessoas tenham um sentimento de pertença e cria uma atmosfera de abertura e confiança ..........................................................................................<br>a abertura e a confiança são a receita para uma relação harmoniosa entre a direção e os trabalhadores, que conduz a um desempenho ótimo dos trabalhadores e da organização"<br>O entrevistado 3 acredita que uma comunicação aberta entre a direção e os trabalhadores através dos seus representantes sindicais resultará numa relação harmoniosa entre a direção e os trabalhadores. É de opinião que "o envolvimento com o sindicato para solicitar a sua cooperação teria evitado a crise laboral que a nossa organização enfrenta atualmente".<br>O entrevistado 4 salientou que uma comunicação adequada que reflicta o respeito pelos indivíduos, independentemente da sua posição, é fundamental para uma relação harmoniosa entre a administração e os trabalhadores. Segundo ele, a crise laboral que a organização estava a atravessar era o resultado de uma comunicação mal gerida pelos RH da organização.<br>O entrevistado 5 concordou que uma comunicação adequada e respeitosa com os trabalhadores através dos seus representantes sindicais teria ajudado a resolver a crise que a nossa organização está a atravessar atualmente. Concluiu que a comunicação foi mal gerida pelo departamento de RH da organização. |

| Tema | Respostas dos entrevistados |
|---|---|
| Quarto tema: O feedback sobre o desempenho melhora o desempenho dos trabalhadores | O Entrevistado 1 concordou que o feedback sobre o desempenho é uma necessidade absoluta e interrogou-se: "Sem feedback sobre o desempenho, como é que se pode melhorar?" Observou que os gestores têm de dar seguimento ao feedback para garantir que os pontos fracos identificados recebem a atenção que merecem, a fim de melhorar o desempenho do trabalhador.<br>O entrevistado 2 concordou que o feedback sobre o desempenho é uma boa ferramenta para melhorar o desempenho dos trabalhadores. Ele referiu que "tem de haver algum tipo de recompensa pelo bom desempenho. O bom ou mau desempenho tem de ser identificado e comunicado aos trabalhadores afectados através de um sistema de feedback". Sublinhou que esse feedback tem de ser contínuo e que devem ser utilizados canais formais e informais.<br>O entrevistado 3 considera que o feedback sobre o desempenho deve ser regular e contínuo, referindo que "é uma má supervisão permitir que os trabalhadores continuem sem uma intervenção regular por parte daqueles que não estão a corresponder às expectativas.<br>O entrevistado 4 referiu que o feedback sobre o desempenho deve ser tão confidencial quanto possível, tendo em conta os pontos fortes e fracos dos trabalhadores. Segundo ele, "o feedback sobre o desempenho deve ser um exercício diário e deve ser comunicado de forma respeitosa, a fim de não abalar o moral dos trabalhadores, em especial daqueles que não estão a corresponder às expectativas".<br>O entrevistado 5 concordou que o feedback sobre o desempenho melhora o desempenho dos trabalhadores através da criação de uma via para a correção e a melhoria. Segundo ele, "embora a nossa organização recomende uma periodicidade bianual, o processo deve ser contínuo e comunicado de forma a analisar o que precisa de ser melhorado e o que é bom para ser mantido". |

| Tema | Respostas dos entrevistados |
| --- | --- |
| Quinto tema: A atitude dos gestores afecta o desempenho dos trabalhadores. | O entrevistado 1 observou que os gestores são como embaixadores, uma vez que são os representantes dos quadros superiores das organizações. Afirma que a atitude de um gestor em relação aos seus empregados tem um impacto positivo ou negativo. O entrevistado 1 referiu que "a abertura e o respeito mútuo entre gestores e trabalhadores ajudam a criar um ambiente propício ao crescimento e ao sucesso. A atitude dos gestores em relação aos seus empregados é fundamental para o sucesso organizacional".<br>O entrevistado 2 referiu que, se um gestor tiver uma atitude negativa, isso afectará o comportamento e o desempenho dos trabalhadores. Se o gestor tiver uma atitude de "posso fazer", isso também garantirá o bom desempenho dos trabalhadores. O entrevistado 2 concluiu que "uma atitude positiva e respeitosa dos gestores cria uma atmosfera propícia a um bom desempenho. Um bom gestor deve ter respeito pelos seus empregados para conseguir tirar o melhor partido deles".<br>O entrevistado 3 referiu que trabalhar para um diretor arrogante e mandão é uma tarefa difícil. Um gestor deve reconhecer o esforço da equipa e celebrar o sucesso da equipa em vez do seu próprio sucesso individual. Segundo ele, "por experiência própria, os trabalhadores gostam de trabalhar com gestores que sejam acessíveis e respeitadores, em vez de um chefe arrogante".<br>O entrevistado 4 referiu que o conceito gira em torno da gestão do seu chefe e do seu chefe em relação a si; o objetivo do qual ".... é a criação de um ambiente agradável em que tanto os gestores como os trabalhadores trabalham para atingir os seus objectivos". As chefias devem ter uma noção clara do que pretendem alcançar e comunicá-lo de forma respeitosa a todos os níveis hierárquicos.<br>O entrevistado 5 considera que o espírito de equipa e o respeito mútuo devem ser demonstrados através de uma comunicação e de intercâmbios eficazes. Um gestor deve ter uma atitude de escuta e de respeito para poder beneficiar das ideias e dos contributos dos seus empregados". Indicou que ouvir e estar muito próximo dos trabalhadores será benéfico para a organização, uma vez que cria uma atmosfera de amizade entre gestores e trabalhadores, o que melhorará a relação de trabalho e promoverá um desempenho ótimo. |

## APÊNDICE D
## QUESTIONÁRIO DE AMOSTRA

Como requisito para a minha dissertação de MBA na University of Leicester School of Management, estou a realizar um inquérito sobre a eficácia das recompensas na motivação dos empregados para um melhor desempenho. Por favor, dedique cinco a dez minutos para preencher o questionário abaixo. O seu anonimato e confidencialidade estão garantidos. Depois de preenchido, envie-o para Dennis.Edogun@Addaxpetroleum.com até ao dia $30^{th}$ de abril de 2015.

SECÇÃO A: Características demográficas

1. Qual é a sua posição na sua organização?
2. Género: Masculino [ ] Feminino [ ]
3. Indique a sua idade:
4. Há quantos anos trabalha nesta organização?
5. Indique o número de trabalhadores da sua organização: Acima de 0 - 499 [ ] 500-999 [ ] 1000-1499 [ ] 1500 -1999[ ] 2000 -2499 []

Assinale até que ponto concorda ou discorda das seguintes afirmações:

| NÚMEROS DE SÉRIE | ITENS | Concordo totalmente | De acordo | Nenhum dos dois | Não concordo | Fortemente Não concordo |
|---|---|---|---|---|---|---|
| 1 | Os bons esforços devem ser devidamente recompensados | | | | | |
| 2 | A recompensa monetária melhora o desempenho | | | | | |
| 3 | Estou satisfeito com o meu atual pacote salarial | | | | | |
| 4 | O atual sistema de remuneração da minha organização é adequado e suficiente | | | | | |
| 5 | É necessária a revisão anual do sistema de remuneração para refletir a inflação | | | | | |
| 6 | Os representantes dos trabalhadores, através dos seus sindicatos, devem ser consultados aquando da determinação ou da revisão dos sistemas de remuneração | | | | | |

| | | | | | | |
|---|---|---|---|---|---|---|
| 7 | A equidade e a justiça no que respeita à remuneração de cada trabalhador são necessárias | | | | | |
| 8 | Os pacotes de remuneração devem refletir as forças do mercado de trabalho, bem como a equidade interna | | | | | |
| 9 | O aumento dos salários e dos bónus ajudar-me-á a desempenhar melhor o meu trabalho | | | | | |
| 10 | A minha remuneração reflecte o valor que o meu empregador me atribui | | | | | |
| 11 | Os seguintes benefícios motivam-me: | | | | | |
| a | Empréstimos e subsídios para automóveis | | | | | |
| b | Empréstimos e subsídios à habitação | | | | | |
| c | Subsídios e bolsas de estudo para trabalhadores | | | | | |
| d | Subsídios e bolsas de estudo para os filhos/filhas dos trabalhadores | | | | | |

Por favor, comente livremente outras recompensas financeiras que gostaria que a sua organização implementasse:

Assinale as caixas que reflectem as suas respostas às perguntas que se seguem:

| NÚMEROS DE SÉRIE | ITENS | Concordo totalmente | De acordo | Nenhum dos dois | Não concordo | Fortemente Não concordo |
|---|---|---|---|---|---|---|
| 1 | Sinto-me seguro para fazer o meu trabalho atual | | | | | |
| 2 | Do ponto de vista profissional, estou satisfeito com a minha posição atual | | | | | |
| 3 | As oportunidades de promoção surgem regularmente na minha organização | | | | | |
| 4 | A promoção é distribuída de forma homogénea na minha organização | | | | | |
| 5 | As oportunidades de formação formal estão distribuídas de forma equitativa entre os trabalhadores | | | | | |
| 6 | A minha organização tem um sistema de pensões para cuidar de mim quando me reformar | | | | | |
| 7 | A comunicação frequente do meu desempenho profissional pelo meu chefe ajuda-me a fazer o meu trabalho de forma mais eficiente | | | | | |
| 8 | O meu chefe envolve-me no planeamento dos programas de formação para o desenvolvimento da minha carreira para me ajudar a executar as minhas tarefas de forma mais eficiente | | | | | |

| | | | | | | |
|---|---|---|---|---|---|---|
| 9 | A minha organização incentiva-me a procurar oportunidades de desenvolvimento profissional | | | | | |
| 10 | O desempenho poderia melhorar se o meu chefe ouvisse as minhas preocupações | | | | | |
| 11 | O feedback sobre o desempenho pode ajudar-me a melhorar a qualidade do meu trabalho | | | | | |
| 12 | Um trabalho desafiante pode motivar-me se o meu chefe me der o apoio necessário | | | | | |
| 13 | A participação na tomada de decisões no meu departamento pode motivar-me a mim e aos meus colegas | | | | | |

Comente livremente outros prémios que gostaria que a sua organização implementasse:

SECÇÃO D: Recompensas psicológicas (RP)

Assinale até que ponto concorda ou discorda das seguintes afirmações:

| NÚMEROS DE SÉRIE | ITENS | Concordo totalmente | De acordo | Nenhum dos dois | Não concordo | Fortemente Não concordo |
|---|---|---|---|---|---|---|
| 1 | Gosto de ir para o trabalho todas as manhãs e de desempenhar as minhas funções da melhor forma possível | | | | | |

| 2 | A atitude do meu chefe atual em relação a mim é positiva e agradável | | | | | |
|---|---|---|---|---|---|---|
| 3 | Sou aplaudido pelo meu chefe quando tenho um bom desempenho no meu trabalho | | | | | |
| 4 | Sou autorizado a usar de discrição no exercício das minhas funções | | | | | |
| 5 | Sinto-me satisfeito a nível interno quando sou bem sucedido na realização de tarefas difíceis dentro do prazo e do orçamento | | | | | |
| 6 | Recebo um reconhecimento suficiente e adequado do meu desempenho no local de trabalho | | | | | |
| 7 | As tarefas desafiantes motivam-me | | | | | |
| 8 | Tenho prazer em aprender coisas novas | | | | | |
| 9 | A atitude do meu chefe em relação a mim e aos meus colegas pode afetar positiva ou negativamente o meu desempenho | | | | | |
| 10 | É necessário um ambiente de trabalho propício para melhorar o desempenho | | | | | |

| | | | | | | |
|---|---|---|---|---|---|---|
| 11 | As minhas iniciativas são bem recebidas quando há problemas a resolver | | | | | |
| 12 | Um tratamento justo por parte do meu chefe encorajar-me-á a ter um melhor desempenho | | | | | |
| 13 | Tenho boas perspectivas de promoção | | | | | |
| 14 | Espero uma mudança indesejável na minha situação profissional | | | | | |
| 15 | Considero que o meu cargo atual reflecte adequadamente as minhas habilitações literárias e experiência | | | | | |
| 16 | Tenho o respeito do meu chefe e dos meus colegas | | | | | |

Por favor, comente livremente outras recompensas que gostaria de ver implementadas pela sua organização:

Obrigado por participar neste inquérito.

# APÊNDICE E

# FICHA DE DADOS DO QUESTIONÁRIO

Quadro 4.5 Respostas femininas ao questionário sobre recompensas financeiras

| DECLARAÇÕES | % Concordo totalmente | % Concordo | % Nenhum dos dois | % Não concordo | % Discordo totalmente | Contagem de respostas |
|---|---|---|---|---|---|---|
| Os bons esforços devem ser devidamente recompensados em termos financeiros | 78 | 22 | 0 | 0 | 0 | 18 |
| A recompensa monetária melhora o desempenho | 33 | 67 | 0 | 0 | 0 | 18 |

| | | | | | | |
|---|---|---|---|---|---|---|
| Estou satisfeito com o meu atual pacote salarial | 6 | 39 | 28 | 17 | 11 | 18 |
| O atual sistema de remuneração da minha organização é adequado e suficiente | 6 | 39 | 28 | 11 | 17 | 18 |
| É necessária a revisão anual do sistema de remuneração para refletir a inflação | 39 | 39 | 17 | 6 | 0 | 18 |
| Os representantes dos trabalhadores através dos seus sindicatos devem ser consultados aquando da determinação ou revisão do sistema de remuneração | 22 | 61 | 11 | 6 | 0 | 18 |
| A equidade e a justiça no que respeita à remuneração de cada trabalhador são necessárias | 50 | 44 | 6 | 0 | 0 | 18 |
| Os pacotes de remuneração devem refletir as forças do mercado de trabalho, bem como a equidade interna | 22 | 50 | 22 | 6 | 0 | 18 |
| O aumento dos salários e dos bónus ajudar-me-á a desempenhar melhor o meu trabalho | 50 | 50 | 0 | 0 | 0 | 18 |
| A minha remuneração reflecte o valor que o meu empregador me atribui | 17 | 61 | 11 | 6 | 6 | 18 |

Tabela 4.7 Resposta feminina ao questionário sobre recompensas psicológicas

| DECLARAÇÕES | % Concordo totalmente | % Concordo | % Nenhum dos dois | % Discordam | % Fortemente Não concordo | Contagem de respostas |
|---|---|---|---|---|---|---|
| Sinto-me seguro para fazer o meu trabalho atual | 17 | 50 | 22 | 6 | 6 | 18 |
| Do ponto de vista profissional, estou satisfeito com a minha posição atual | 6 | 33 | 17 | 33 | 11 | 18 |
| As oportunidades de promoção surgem regularmente na minha organização | 6 | 33 | 11 | 44 | 6 | 18 |
| A promoção é distribuída de forma homogénea na minha organização | 6 | 17 | 11 | 56 | 11 | 18 |
| As oportunidades de formação formal estão distribuídas de forma equitativa entre os trabalhadores | 11 | 33 | 0 | 50 | 6 | 18 |
| A minha organização tem um sistema de pensões para cuidar de mim quando me reformar | 17 | 50 | 17 | 11 | 6 | 18 |
| A comunicação frequente do meu desempenho profissional pelo meu chefe ajuda-me a fazer o meu trabalho de forma mais eficiente | 11 | 50 | 28 | 6 | 6 | 18 |

| O meu chefe envolve-me no planeamento dos programas de formação para o desenvolvimento da minha carreira para me ajudar a executar as minhas tarefas de forma mais eficiente | 0 | 44 | 17 | 28 | 11 | 18 |
|---|---|---|---|---|---|---|
| A minha organização incentiva-me a procurar oportunidades de desenvolvimento profissional | 0 | 33 | 33 | 28 | 6 | 18 |
| O desempenho pode melhorar se o meu chefe ouvir as minhas preocupações | 6 | 61 | 11 | 22 | 0 | 18 |
| O feedback sobre o desempenho pode ajudar-me a melhorar a qualidade do meu trabalho | 22 | 61 | 17 | 0 | 0 | 18 |
| Um trabalho desafiante pode motivar-me se o meu chefe me der o apoio necessário | 44 | 50 | 6 | 0 | 0 | 18 |
| A participação na tomada de decisões no meu departamento pode motivar-me a mim e aos meus colegas | 44 | 50 | 6 | 0 | 0 | 18 |

Quadro 4.8 Resposta dos homens ao questionário sobre recompensas financeiras

| DECLARAÇÕES | % Concordo totalmente | % Concordo | % Nenhum dos dois | % Discordam | % Fortemente Não concordo | Contagem de respostas |
|---|---|---|---|---|---|---|
| Gosto de ir para o trabalho todas as manhãs e de desempenhar as minhas funções da melhor forma possível | 28 | 39 | 17 | 6 | 11 | 18 |

| | | | | | | |
|---|---|---|---|---|---|---|
| A atitude do meu atual chefe em relação a mim é positiva e agradável | 17 | 57 | 16 | 0 | 11 | 18 |
| Sou aplaudido pelo meu chefe quando tenho um bom desempenho no meu trabalho | 6 | 67 | 17 | 0 | 11 | 18 |
| Sou autorizado a usar de discrição no exercício das minhas funções | 11 | 56 | 22 | 6 | 6 | 18 |
| Sinto-me satisfeito a nível interno quando sou bem sucedido na realização de tarefas difíceis dentro do prazo e do orçamento | 22 | 67 | 11 | 0 | 0 | 18 |
| Recebo um reconhecimento suficiente e adequado do meu desempenho no local de trabalho | 11 | 56 | 17 | 17 | 0 | 18 |
| Tarefas desafiantes motivam-me | 33 | 50 | 17 | 0 | 0 | 18 |
| Tenho prazer em aprender coisas novas | 50 | 44 | 6 | 0 | 0 | 18 |
| A atitude do meu chefe em relação a mim e aos meus colegas pode afetar positiva ou negativamente o meu desempenho | 44 | 44 | 11 | 0 | 0 | 18 |
| É necessário um ambiente de trabalho propício para melhorar o desempenho | 44 | 50 | 6 | 0 | 0 | 18 |

| | | | | | | |
|---|---|---|---|---|---|---|
| As minhas iniciativas são bem recebidas quando há problemas a resolver | 17 | 50 | 22 | 0 | 11 | 18 |
| Um tratamento justo por parte do meu chefe encorajar-me-á a ter um melhor desempenho | 11 | 72 | 17 | 0 | 0 | 18 |
| Tenho boas perspectivas de promoção | 28 | 33 | 11 | 22 | 6 | 18 |
| Espero uma mudança indesejável na minha situação profissional | 11 | 17 | 44 | 6 | 22 | 18 |
| Considero que a minha posição atual reflecte adequadamente as minhas habilitações literárias e experiência | 17 | 33 | 22 | 17 | 11 | 18 |
| Tenho o respeito do meu chefe e dos meus colegas | 17 | 56 | 17 | 6 | 6 | 18 |

| DECLARAÇÕES | % Concordo totalmente | % Concordo | % Nenhum dos dois | % Não concordo | % Discordo totalmente | Contagem de respostas |
|---|---|---|---|---|---|---|
| Os bons esforços devem ser devidamente recompensados em termos financeiros | 74 | 24 | 2 | 0 | 0 | 139 |
| A recompensa monetária melhora o desempenho | 42 | 54 | 4 | 0 | 0 | 139 |

| | | | | | | |
|---|---|---|---|---|---|---|
| Estou satisfeito com o meu atual pacote salarial | 0 | 40 | 28 | 30 | 2 | 139 |
| O atual sistema de remuneração da minha organização é adequado e suficiente | 0 | 32 | 36 | 26 | 6 | 139 |
| É necessária a revisão anual do sistema de remuneração para refletir a inflação | 52 | 34 | 6 | 4 | 4 | 139 |
| Os representantes dos trabalhadores, através dos seus sindicatos, devem ser consultados aquando da determinação ou revisão do sistema de remuneração | 50 | 40 | 8 | 2 | 0 | 139 |
| A equidade e a justiça no que respeita à remuneração de cada trabalhador são necessárias | 62 | 36 | 2 | 0 | 0 | 139 |
| Os pacotes de remuneração devem refletir as forças do mercado de trabalho, bem como a equidade interna | 56 | 40 | 2 | 2 | 0 | 139 |
| O aumento dos salários e dos bónus ajudar-me-á a desempenhar melhor o meu trabalho | 58 | 36 | 6 | 0 | 0 | 139 |
| A minha remuneração reflecte o valor que o meu empregador me atribui | 42 | 38 | 12 | 8 | 0 | 139 |

## APÊNDICE F
## COMENTÁRIOS LIVRES DOS INQUIRIDOS DURANTE O INQUÉRITO NO TERRENO

Ocasionalmente, receber o aperto de mão dourado mostra que os seus esforços são apreciados
por
1 gestão
2 O crédito à habitação e o bónus de fim de ano motivarão os trabalhadores a fazer mais
3 A atribuição de prémios a longo prazo, no final de cada ano, constitui uma forte motivação
para mim
Bónus especial quando o projeto é entregue dentro do orçamento e do prazo e bónus
resultantes
4 de cumprir anualmente os objectivos de produção, motivará os empregados
O bónus de produção e o bónus de sucesso por etapas motivarão os trabalhadores a trabalhar
mais para
5 atingir os objectivos estabelecidos.
6 Bónus de desempenho sobre os resultados obtidos.
Introdução de um programa de aquisição de competências empresariais para o pessoal que
tenha permanecido no país
10 anos e pode querer reformar-se mais cedo. Disponibilizar alguns fundos como empréstimo
para o
7 programa.
Recompensa para o trabalhador que tenha adquirido qualificações académicas adicionais em
áreas relacionadas com
8 para o negócio da organização motivar-me-á
9 Manutenção anual do automóvel e subsídio de combustível e mobiliário de 4 em 4 anos.
O seguro médico gratuito e abrangente para empregados/aposentados e dependentes dará aos
empregados a garantia de que a sua saúde será assegurada pela organização após
10 reforma
Subsídios renováveis para automóveis de 5 em 5 anos e para a renovação da casa de 8 em 8
anos. Um prémio substancial de baixa
11 O subsídio de alojamento com juros que reflicta as realidades económicas servirá como
estratégia de retenção do pessoal Sistema de recompensa induzido pelo desempenho e revisão
anual em alta do salário em relação a
12 inflação
Agradecerei bónus e subsídios da minha organização, de tempos a tempos, para cumprir
13 estabelecer objectivos
14 A disponibilização de carros oficiais para facilitar o transporte para o trabalho será muito
apreciada
A subvenção ou os incentivos da organização devem incluir uma participação adequada nos
lucros, pelo menos
15 todos os anos
16 Os prémios de produtividade e de desempenho incentivam-me a trabalhar mais
Os trabalhadores deveriam ser obrigados a participar em bónus financeiros proporcionais a
17 o lucro da organização
A concessão de empréstimos para fazer face a algumas situações de emergência transmitirá a
mensagem de que a
18 a organização preocupa-se comigo
19 Prémios de reconhecimento aos trabalhadores por desempenho excecional nas tarefas
atribuídas
20 Prémios anuais de desempenho para os funcionários merecedores
21 A segurança no emprego é a minha principal motivação
A recompensa financeira, por si só, não é suficiente para motivar os trabalhadores. A

utilização de outras recompensas não financeiras
22 devem ser incentivadas recompensas como a estima, o respeito, a justiça e a dignidade
23 Deve ser introduzido um bónus de exposição a riscos para os trabalhadores que trabalham no mar. A nossa organização deve melhorar o montante das recompensas financeiras para alojamento e
24 empréstimo automóvel
25 Pensão adequada para cuidar dos trabalhadores após a reforma
26 Um sistema que recompense a excelência e promova a equidade motivar-me-á

Ter um emprego em que as pessoas estão genuinamente satisfeitas com o trabalho que se faz, dizer obrigado por um
27 Um dia de trabalho duro e o facto de apreciarem o que fazemos por eles é para mim uma motivação melhor do que todo o dinheiro do mundo. Uma pessoa que se sente apreciada fará sempre mais do que aquilo que é esperado.
28 Prestação gratuita de cuidados de saúde aos trabalhadores e às pessoas a seu cargo
29 O bónus de fim de ano da organização motivaria os trabalhadores a trabalhar mais
30 Bónus de produção por conclusão bem sucedida do poço e bónus de encerramento.
31 A existência de espaço para formação e de cursos para melhorar o profissionalismo irá aumentar o meu moral

A promoção pode ser dada como recompensa por um desempenho invulgar, sem esperar pela
32 classificação/promoção forçada em toda a empresa

Eu acreditava que a promoção devia ser uma recompensa pelo bom desempenho e que os anos de experiência relevante deviam ser tidos em conta para determinar quem devia ser promovido, mas não é esse o caso.
33 caso aqui
34 Uma formação frequente aumentará a minha produtividade no trabalho
35 Ter em conta as necessidades do pessoal, como a rotação regular de funções

As recompensas financeiras são boas e ajudam os trabalhadores a sentirem que os seus esforços são recompensados.

No entanto, por muito atractivos que sejam os incentivos financeiros, se houver injustiças na distribuição dessas recompensas, o sentimento de iniquidade que daí resulta é desmoralizante e cria desconforto que afecta o desempenho e gera mágoa
36 entre colegas.
37 Reacções positivas dos chefes sobre o trabalho bem feito

As recompensas não financeiras, como recordar o aniversário de um empregado ou felicitá-lo pela chegada de um novo bebé, podem contribuir muito para incutir alguma confiança
38 e o sentimento de apreço.
39 Carta de reconhecimento pelo excelente desempenho
40 A empresa deve criar um plano de reforma melhor e mais sustentável

A justiça para todos em todos os aspectos das operações da organização, particularmente na determinação do salário e de quem deve ser promovido, é uma forte motivação que resultará em
41 desempenho melhorado
42 Uma pessoa que se sente apreciada fará sempre mais do que aquilo que é esperado.

Printed by Books on Demand GmbH, Norderstedt / Germany